总第86辑

中国审判指导丛书

执行工作指导

最高人民法院执行局 编

人民法院出版社

图书在版编目（CIP）数据

执行工作指导. 总第86辑 / 最高人民法院执行局编.
北京：人民法院出版社，2024. 12. -- （中国审判指导
丛书）. -- ISBN 978-7-5109-4383-6
Ⅰ. D926.2
中国国家版本馆CIP数据核字第202485E8X2号

执行工作指导　总第 86 辑
最高人民法院执行局　编

策划编辑	兰丽专
责任编辑	丁塞峨
出版发行	人民法院出版社
地　　址	北京市东城区东交民巷 27 号（100745）
电　　话	（010）67550656（责任编辑）　67550558（发行部查询） 　　　　　65223677（读者服务部）
网　　址	http：//www.courtbook.com.cn
E - mail	courtpress@sohu.com
印　　刷	三河市国英印务有限公司
经　　销	新华书店
开　　本	787 毫米×1092 毫米　1/16
字　　数	228 千字
印　　张	13.5
版　　次	2024 年 12 月第 1 版　2024 年 12 月第 1 次印刷
书　　号	ISBN 978-7-5109-4383-6
定　　价	68.00 元

版权所有　侵权必究

《执行工作指导》
编辑委员会

主 任 委 员 刘贵祥

副主任委员 黄文俊

编委会委员 黄金龙　王富博　毛立华　邵长茂　韩　峰

执 行 编 辑 刘永存　马　岚　邵夏虹

执 行 编 务 盛　强　增　斌

《执行工作指导》
特约编辑

刘海东（北京）	何朝晖（天津）	刘洪波（河北）
丁　毅（山西）	黄建华（内蒙古）	方宝国（辽宁）
李永秋（吉林）	程显波（黑龙江）	钟　明（上海）
朱　嵘（江苏）	危辉星（浙江）	毛　剑（安徽）
黄浩洪（福建）	黄建文（江西）	孟祥刚（山东）
刘铁良（河南）	武　星（湖北）	李　波（湖南）
陈明辉（广东）	刘拥建（广西）	李　戈（海南）
谢宝红（重庆）	周　磊（四川）	陈永兴（贵州）
袁学红（云南）	刘　彬（西藏）	吴小鹏（陕西）
曹澜平（甘肃）	杨智健（青海）	杨子楠（宁夏）
魏　锋（新疆）	王　江（兵团）	

《执行工作指导》
特约通讯员

公　涛（北京）	于耀辉（天津）	冯小强（河北）
王　玮（山西）	陈志国（内蒙古）	马志鹏（辽宁）
张怀胜（吉林）	姜　雪（黑龙江）	邹　杰（上海）
赵祥东（江苏）	王　敏（浙江）	曹红军（安徽）
叶聿僚（福建）	卢日久（江西）	苏陶成（山东）
刘　婷（河南）	罗秒珍（湖北）	肖　锭（湖南）
邵　萌（广东）	邓　韵（广西）	胡　娜（海南）
冯　强（重庆）	马学琴（四川）	刘　飞（贵州）
邹轩汉（云南）	次仁旺姆（西藏）	李　旭（陕西）
马兴隆（甘肃）	辛光春（青海）	程绍勇（宁夏）
答诗婕（新疆）	王海龙（兵团）	

目　录

【大法官论坛】

深入学习贯彻党的二十届三中全会精神
以高质量司法审判服务保障高水平社会主义市场经济
　　体制改革任务有效落地 ………………………… 刘贵祥（ 1 ）

【执行局长论坛】

关于被执行人"失能"的认定标准与条件
　　………………………………… 何朝晖　于耀辉　张振彬（ 11 ）

【执行热点前沿】

司法拍卖中的瑕疵担保探析
　　——从"凶宅"拍卖案切入 ………………………… 刘　坤（ 18 ）
强制执行程序中劳动债权优先清偿问题的研究
　　——对《民事强制执行法（草案）》第179条第1款的
　　理解展开 …………………………… 潘鹏武　项　杰（ 28 ）
保全复议程序的适用困境与理论纾解 ………………… 杜　康（ 50 ）
到期债权执行中次债务人超期异议的救济途径 ……… 钟创新（ 68 ）

【终本出清专题】

终本出清的现状、逻辑与对策
——基于上海法院终本案件评查的调研报告
.... 钟 明　陈姣莹　熊 凯（76）

终本案件清理的实证分析、制度检视与构建
.... 刘拥建　钟瑛嫦（95）

次第推进五步法：终本案件有序退出的逻辑进路和可能方式
——以"漏斗分析法"为研究工具 .... 李 孟（115）

【调研与实证】

辽宁法院执行异议和复议案件占比高现状的反思及应对策略
.... 白 冰　潘 颖（130）

规范移送管辖案件诉讼保全的实证分析 ...... 马学琴　张大强（140）

执行分配方案异议权利救济调研报告
——程序与实体异议识别路径探索 .... 张莹莹　陈 越（156）

【最高人民法院案例与解析】

某管理有限公司、某集团有限公司金融借款合同纠纷执行申诉案
——被执行人持有的某金融租赁公司一定比例的股权，按照
　金融监管规定需审批而受让人未经审批，执行法院以物
　抵债裁定的送达并不能直接引起股权物权效力的变动
.... 熊劲松　邵夏虹（172）

【最高人民法院入库案例选登】

王某某与刘某某执行监督案

——刑事裁判涉财产部分执行程序中,案外人以借名买房

为由主张排除执行的,执行法院应当进行实体审查 …… (183)

孙某某与某恒信息咨询公司执行监督案

——法人的主要办事机构所在地不能确定的,以其登记地

为住所地 ………………………………………………… (186)

【法答网执行问题精选答复选登】

执行程序中,申请执行人将生效法律文书确定的债权转让给

被执行人,是否可以变更本案被执行人为申请执行人

……………………………………………………… 马　岚(189)

申请执行人债权转让给第三人,是否必须要求受让人支付对价?

是否考察债权人对外负有债务 ……………………… 熊劲松(191)

【地方法院案例与解析】

被继承人债务清偿纠纷的执行规则

——杭州银行申请执行孙某青被继承人债务清偿纠纷一案

………………………………………………… 周青松(193)

拨付村委会财政性资金执行问题

——甲公司与乙村委会建设工程施工合同纠纷执行一案

…………………………………… 李耀光　苏国梁(204)

【大法官论坛】

深入学习贯彻党的二十届三中全会精神以高质量司法审判服务保障高水平社会主义市场经济体制改革任务有效落地

刘贵祥[*]

　　党的二十届三中全会是在新时代新征程上中国共产党坚定不移高举改革开放旗帜，紧紧围绕推进中国式现代化进一步全面深化改革而召开的一次具有里程碑意义的重要会议，充分彰显了以习近平同志为核心的党中央将改革进行到底的坚强决心和强烈使命担当，是对新时代新征程举什么旗、走什么路的再宣示，对以中国式现代化全面推进强国建设、民族复兴伟业具有重大而深远的意义。这次全会最重要的成果是审议通过了《中共中央关于进一步全面深化改革、推进中国式现代化的决定》（以下简称《决定》）。《决定》紧紧围绕推进中国式现代化这个主题擘画了进一步全面深化改革战略举措，是指导新征程上进一步全面深化改革的纲领性文件，必将为中国式现代化提供强大动力和制度保障，具有重大的理论意义、实践意义和时代意义。学习好贯彻好全会精神，是当前和今后一个时期人民法院的一项重大政治任务。全会对构建高水平社会主义市场经济体制作出重要决策部署，将"以经济体制改革为牵引"作为进一步全面深化改革的指导思想之一，将"聚焦构建高水平社会主

---

[*] 最高人民法院审判委员会副部级专职委员，二级大法官。

义市场经济体制"作为实现进一步全面深化改革总目标的"七个聚焦"之首，提出"到二〇三五年，全面建成高水平社会主义市场经济体制"。人民法院要深刻领会和把握党中央关于构建高水平社会主义市场经济体制的重要决策部署，立足司法审判职能，找准切入点、着力点，扎实做好各项改革任务的推进落实工作，为中国式现代化行稳致远提供更加有力的司法服务和保障。

一、深刻认识构建高水平社会主义市场经济体制的重要意义

社会主义市场经济体制是中国特色社会主义的重大理论创新和实践创新，既发挥了市场经济的长处，又发挥了社会主义制度的优越性，是我国经济发展取得巨大成就的一个关键因素。党的十八届三中全会以来，在以习近平同志为核心的党中央坚强领导下，我们党充分发挥经济体制改革的牵引作用，推出一系列重大改革举措，我国市场经济基础制度不断完善，高质量发展体制机制进一步健全，引领中国式现代化不断迈上新台阶。同时也要认识到，当前我国市场体系不健全、市场发育不充分、政府和市场关系尚未完全理顺等问题仍然制约着经济高质量发展。习近平总书记指出，"深化经济体制改革仍是进一步全面深化改革的重点"[①]。高水平社会主义市场经济体制是中国式现代化的重要保障，是巩固完善我国社会主义基本经济制度的必然要求，是发挥市场在资源配置中的决定性作用和更好发挥政府作用的内在要求，同时，也是完善中国特色社会主义法治体系的内在要求。要推动实现全面建成社会主义现代化强国的宏伟目标，必须深刻认识、全面把握构建高水平社会主义市场经济体制的重要意义和深刻内涵，更好发挥市场机制作用，创造更加公平、更有活力的市场环境，实现资源配置效率最优化和效益最大化，既"放得活"又"管得住"，畅通国民经济循环，激发全社会内生动力和创新活力。

[①] 习近平：《关于〈中共中央关于进一步全面深化改革、推进中国式现代化的决定〉的说明》，载《求是》2024年第16期。

二、全面把握司法审判服务保障高水平社会主义市场经济体制改革的重点任务

习近平总书记强调"社会主义市场经济本质上是法治经济"①。构建高水平社会主义市场经济体制必须更加注重发挥法治固根本、稳预期、利长远的保障作用,确保在法治轨道上推进改革。这对人民法院司法审判工作提出了新的更高要求。

一是严格贯彻落实"两个毫不动摇"。习近平总书记多次重申坚持"两个毫不动摇",创造性提出"公有制经济和非公有制经济都是社会主义市场经济的重要组成部分,都是我国经济社会发展的重要基础"②。《决定》强调,"坚持和落实'两个毫不动摇'""促进各种所有制经济优势互补、共同发展"。在司法审判中,要完整准确全面理解把握党中央关于促进民营经济发展壮大的决策部署,严格落实依法平等保护原则,切实保障各种所有制经济依法平等使用资源要素、公平参与市场竞争、同等受到法律保护。要进一步完善产权司法保护制度,依法平等长久保护各种所有制经济产权,依法认定财产权属,加强涉企产权案件申诉、再审工作,健全冤错案件有效防范和依法甄别纠正机制。要严格落实罪刑法定、疑罪从无等刑法原则,严格贯彻宽严相济刑事政策,对侵犯各种所有制经济产权和合法利益的行为实行同责同罪同罚;尽快出台涉民刑交叉案件司法解释、刑事涉财执行规定等司法文件,着力解决以刑事、行政手段干预经济纠纷及以刑事手段解决民事债务等问题,推动健全各司法机关对刑事涉财执行案件的沟通协调机制,推进民事、刑事平等保护合法权益、平等惩治违法行为价值取向的协调性、制度机制的系统性。要严格落实党中央关于清理拖欠中小企业账款的决策部署,严格适用关于"背靠背"条款效力司法解释,进一步优化拖欠中小企业账款案件立

---

① 《习近平在中央经济工作会议上的讲话(2014年12月9日)》,载习近平:《论坚持全面依法治国》,中央文献出版社2020年版,第129页。

② 《习近平:关于〈中共中央关于全面深化改革重大问题的决定〉的说明》,载《人民日报》2013年11月16日第1版。

审执衔接配合制度机制。要积极参与《中华人民共和国民营经济促进法》起草工作,推动从立法层面系统有效落实"两个毫不动摇"。

二是更好营造公平竞争、诚信经营的法治环境。公平竞争是市场经济的核心。习近平总书记指出:"强化反垄断、深入推进公平竞争政策实施,是完善社会主义市场经济体制的内在要求。"① 《决定》要求:"加强公平竞争审查刚性约束,强化反垄断和反不正当竞争,清理和废除妨碍全国统一市场和公平竞争的各种规定和做法。"在司法审判中,要依法审理涉及要素配置和市场准入的各类纠纷案件,按照"非禁即入"原则依法认定合同效力,推动破除区域壁垒和地方保护,依法防止滥用行政权力排除、限制竞争行为。要强化《中华人民共和国民法典》及《最高人民法院关于适用〈中华人民共和国民法典〉合同编通则若干问题的解释》贯彻实施,坚持自愿原则和鼓励交易原则,切实保护合法交易行为,准确把握认定合同无效的法定事由,弘扬契约精神,引导重诺守约,畅通商品服务流动,降低市场交易成本。同时,维护契约正义,处理好坚持意思自治与维护公序良俗、维护国家政治经济安全稳定的关系。要严格落实知识产权侵权惩罚性赔偿等制度,激发企业原始创新活力和创造潜能;研究出台加强商业秘密保护的司法政策,妥善处理保护商业秘密与自由择业、竞业限制和人才合理流动的关系;完善算法、商业方法、文化创意等知识产权司法保护规则,促进新经济新业态健康发展。要坚持和发展新时代"枫桥经验",充分发挥多元解纷效能,加强与相关单位协作配合,依法支持引导相关主体构建协会内和平台内的纠纷解决机制,促进纠纷多元化解、高效化解、实质化解。要按照《决定》的部署要求,坚持党中央集中统一领导,站在党和国家事业发展全局的高度,站在公正高效保障人民群众合法权益的立场,总结实践经验,深入开展调研,为深化审判权和执行权分离改革、健全国家执行体制积极建言献策。要以自我革命精神,从制度层面完善执行权约束机制,强化当事人、检察

---

① 《加强反垄断反不正当竞争监管力度 完善物资储备体制机制深入打好污染防治攻坚战》,载《人民日报》2021年8月31日第1版。

机关和社会公众对执行活动的全程监督，以不断深化和规范执行公开，为执行全过程接受各方面监督提供有利条件；要秉持严格依法公正文明执行理念，完善查封扣押冻结措施，堵塞拍卖等关键环节风险漏洞，公正高效实现当事人胜诉权益。

三是更好服务完善中国特色现代企业制度。中国特色现代企业制度是社会主义市场经济体制的重要内容。《决定》强调，要完善中国特色现代企业制度，弘扬企业家精神，加快建设更多世界一流企业。《中华人民共和国公司法》（以下简称《公司法》）是社会主义市场经济的基础性法律，与完善中国特色现代企业制度、加强产权保护、促进高质量发展密切相关。在司法审判中，要正确实施修订后的《公司法》，准确把握、严格落实该法重要创新制度安排，力争2025年年初出台修订后的配套司法解释，细化具体法律适用规则。例如，修订后的《公司法》增加了债权出资方式，在司法解释中需具体规定出资债权的条件、风险防范措施、评估作价和债权不能实现的法律后果等。又如，修订后的《公司法》建立了第三人责任制度，需要在司法解释中回答其适用的具体情形、适用的条件、责任大小的判断等。再如，修订后的《公司法》强化了"双控人"的法律责任，需要在司法解释中就"双控人"在自我交易、竞业禁止、侵占商业机会等方面如何对公司承担勤勉忠实义务及是否承担清算责任等问题进行细化规定。还如，修订后的《公司法》增加了强制注销和简易注销制度，需要司法解释中配套规定公司注销后发现遗留债权债务的处理规则等。要充分发挥司法审判职能，积极参与国企改革深化提升行动，促推国有经济布局优化和结构调整，推动国资国企做强做优做大，增强核心功能，提升核心竞争力。要持续推动《中华人民共和国企业破产法》（以下简称《企业破产法》）修改工作，弥补关联企业破产、中小微企业破产等制度空白，完善破产配套制度；总结司法实践经验，推动探索建立符合中国国情和优秀传统法律文化的个人破产制度，以有效破解诚实而不幸个人债务人的债务困境及负债率过高而缺乏市场化、法治化消化途径问题；尽快发布审理房地产企业破产案件指导意见，依法防范和化解房地产行业和企业风险，为加快构建房地产发展新模式提供司法保障；适时与有关部门联合发布审理上市公司破产重整案件座谈会纪要，服务深化股票发行注册制及退市制度改革，促推提高上市公司质量；加快修订破产管理人报酬司法解释，推动管理人报酬市场化、规范化、合理化；充分发挥破产审判"积极拯救"和"及时出清"功能，健全府院联动机制，对资不抵债但具有挽救价值的企业，更加注重利用庭外和解、预重整及破产重整制度工具进行挽救，破解破产重整程序中引入战略投资者、流动性支持、信用恢复等实践难题，充分调动各方面积极性，促进企业重生；对一些无挽救价值或发展前景的企业，特别是长期处于"僵尸状态"的企业，依法妥善进行清算，有效释放市场资源、社会管理资源及司法资源；加快推进"执破融合"，妥善处置消化一批数十年持续丧失履行能力的"僵而不死"执行案件。要发挥司法裁判评价、指引、示范、教育作用，促进提升企业家依法维权意识和能力，大力弘扬企业家精神，积极引导企业家在经营活动中遵纪守法、诚实守信、公平竞争，积极履行社会责任。

四是更好服务深化金融体制改革。金融是国民经济的命脉，关系中国式现代化建设全局。"回顾改革开放以来我国金融业发展历程，解决影响和制约金融业发展的难题必须深化改革。"① 《决定》对进一步深化金融体制改革专门作出重大部署，必将为加快金融强国建设注入强大动力。在司法审判中，要牢牢守住不发生系统性金融风险底线，在党中央集中统一领导和府院联动机制的框架下，坚持市场化、法治化原则，充分利用《企业破产法》《公司法》等法律制度工具，防范化解房地产领域、地方债、中小金融机构等风险隐患。要树牢金融服务实体经济理念，加大对服务实体经济的金融创新产品的支持力度，依法保护融资租赁、保理、所有权保留、保兑仓等金融资本与实体经济相结合的融资模式，对中小微企业结合自身特点设定的融资担保措施持更加包容的司法态度，

---

① 本书编写组编著：《〈中共中央关于进一步全面深化改革、推进中国式现代化的决定〉辅导读本》，人民出版社2024年版，第235页。

依法遏制一些金融机构巧立名目变相提高融资利息、民间职业放贷、高利贷行为，促推完善民营企业融资支持政策制度，助力破解融资难、融资贵问题。要强化金融协同治理理念，在案件审理中处理好民法一般规定与金融法律法规及监管政策的关系，把握好涉及公共利益的重大金融监管政策在合同效力判断中的作用；更加重视司法政策与金融政策的取向一致性评估，支持监管机构依法打击各类非法金融活动，促推金融监管"长牙带刺"、有棱有角，共同守护好老百姓的"钱袋子"，筑牢产业资本和金融资本有效隔离的"防火墙"。要推动健全投资和融资相协调的资本市场功能，以司法手段规范约束大股东、实际控制人有关违规违法行为，用足用好证券集体诉讼制度，依法打击财务造假、内幕交易、操纵市场等证券市场违法行为，助力提振投资者信心。

五是更好服务健全社会信用制度和监管制度。社会主义市场经济是信用经济，信用制度是社会主义市场经济体制的重要基础。习近平总书记指出："对突出的诚信缺失问题，既要抓紧建立覆盖全社会的征信系统，又要完善守法诚信褒奖机制和违法失信惩戒机制，使人不敢失信、不能失信。"[①] 近年来，人民法院在党中央的坚强领导下，以深化执行机制改革为抓手，推动建立并不断完善失信被执行人联合惩戒机制，有效打击恶意逃废债行为，不断引导诚实守信的良好市场环境和社会风尚。下一步，还要按照《决定》要求，加强市场主体涉诉涉执信息与相关部门信息共享及整合，促推完善全链条全生命周期信用监管体系，为构建以信用为基础的新型监管机制提供有力司法支持。要修订完善失信被执行人司法解释，明晰"失信"与"失能"的区分认定规则，细化分级分类惩戒机制，巩固拓展失信惩戒措施内容，严格规范失信惩戒适用条件和程序，确保失信惩戒依法依规有序推进。要常态化加强全流程监督管理，健全完善失信申诉和纠错机制，对实践中依然存在的不当操作、违规操作，甚至滥用职权损害当事人合法权益的现象，以零容忍态度坚决

[①] 习近平：《坚持依法治国和以德治国相结合 推进国家治理体系和治理能力现代化》，载《人民日报》2016年12月11日第1版。

问责追责。要推动建立权责清晰、运行顺畅的信用修复制度，推动修复结果协同联动、共享互认，依法支持失信被执行人便捷高效重塑信用、重返市场。

三、不折不扣推动高水平社会主义市场经济体制改革任务在司法审判领域有效落地

习近平总书记强调指出："改革要重视谋划，更要抓好落实。"① 对于党中央构建高水平社会主义市场经济体制的重要战略部署，各级人民法院必须以习近平总书记关于进一步全面深化改革的一系列新思想新观点新论断为根本遵循，提高政治站位，把准政治方向，强化责任担当，以钉钉子精神求真务实抓好落实、敢作善为抓好落实，确保各项改革任务在司法领域有效落地。

一是坚持党的绝对领导。党的领导是进一步全面深化改革、推进中国式现代化的根本保证。党中央领导改革的总体设计、统筹协调、整体推进。人民法院作为党领导下的国家审判机关，首先是政治机关，在服务保障高水平社会主义市场经济体制改革工作中，要始终坚持以习近平新时代中国特色社会主义思想为指导，一体学习贯彻习近平法治思想、习近平经济思想、习近平总书记关于进一步全面深化改革的一系列新思想新观点新论断，强化党的创新理论武装，以理论上的高度清醒保持政治上的无比坚定，坚持好运用好习近平新时代中国特色社会主义思想所蕴含的立场、观点、方法，研究解决改革发展中的司法实践问题。要不断增强"四个意识"、坚定"四个自信"、做到"两个维护"，入脑入心、自觉坚定，不折不扣贯彻好落实好有关改革决策部署，确保党中央政令畅通、令行禁止。要严格贯彻落实重大事项请示报告制度，确保重大改革始终在党中央集中统一领导下、按照党中央决策部署有力推进。

二是站稳人民立场。人民立场是我们党的根本政治立场。在服务保

---

① 《中共中央召开党外人士座谈会》，载《人民日报》2024年7月20日第1版。

障高水平社会主义市场经济体制改革工作中，要始终坚持以人民为中心，把人民利益摆在至高无上的地位，做深做实"有信必复"、积案清理、交叉执行等各项工作部署，着力解决经营主体急难愁盼突出问题，厚植党的执政根基。要以"如我在诉"的为民意识，带着对人民群众的深厚感情和高度责任感办理每一起案件，做到以法为据、以理服人、以情感人，既要义正词严讲清法理，又要循循善诱讲明事理，还要感同身受讲透情理，真正实现法理情有机融合、"三个效果"有机统一。要做深做实"公正与效率"，围绕高质量发展这个首要任务，把强化司法政策供给和依法公正审理案件结合起来，推动健全因地制宜发展新质生产力的司法制度机制，更好营造市场化法治化国际化一流营商环境。

三是突出问题导向。在服务保障高水平社会主义市场经济体制改革工作中，要对标相关改革目标任务和部署要求，查找差距和不足，着力破解一些与高水平社会主义市场经济体制不适应、跟不上的司法理念和制度机制弊端。要深化应用审判质量管理指标体系，驰而不息解决"年底立案难""程序空转""一案结而多案生"等问题，不断提升审判执行质效，降低经营主体纠纷解决成本，促进提升市场活力。要完善落实以"阅核制"为抓手的院庭长监督管理机制，发挥"人民法院案例库""法答网"在统一裁判尺度、增进社会合理预期方面的功能作用，为各类经营主体公平竞争、诚信经营提供良好司法环境。要驰而不息深入推进党风廉政建设和反腐败斗争，把管住"案"作为管好"人"、治好"院"的落脚点，加强人民法院新时代廉洁文化建设，一体做实不敢腐、不能腐、不想腐，不断营造清清爽爽、干干净净的干事创业良好氛围。

四是注重系统集成。改革越向纵深推进，改革的关联性、互动性就越强，越需要加强对改革的整体谋划、系统布局。在服务保障高水平社会主义市场经济体制改革工作中，要坚持以全局观念和系统思维谋划、推进、落实工作，打破自家"一亩三分地"的思维定式，既做好与人民法院外其他部门的沟通协调、协同推进，又做到人民法院内部立审执衔接配合、同向发力，使各方面改革创新举措相互促进、相得益彰，防止和克服各行其是、相互掣肘等问题。各级人民法院在金融审判中强化"协同治理"理念、在破产审判中推动健全府院联动机制，以及在执行工作中强调立审执协调配合和执行难综合治理、源头治理，无一不是以系统集成推动司法审判工作改革创新发展的鲜活例证，同时还需在实践中进一步巩固拓展深化。要坚持加强顶层设计和尊重基层首创精神相结合、试点先行和全面推进相结合，越是重大的改革项目，越要深入基层调研、听取一线声音，及时总结推广基层创造的新鲜经验。要坚持整体推进，准确把握重点、节奏时机，做到稳步推进，同时注重保持工作连续性，已经部署的，抓紧落实；新部署的，抓紧研究、向前推进；已经在落实过程中的，注重巩固成果，真正做到在落实中深化、在深化中创新、在创新中发展。

【执行局长论坛】

关于被执行人"失能"的认定标准与条件

何朝晖* 于耀辉** 张振彬***

摘要：当前，全国法院正在开展"终本清仓"专项行动，全面梳理核查终本库存案件，在着力推动终本积案实质化解的同时，准确识别"失能"案件并探索退出机制。因此，确定被执行人"失能"对于实现终本案件的实质退出具有重要意义。通过深入调研，我们认为，认定"失能"的关键在于确定被执行人的真实履行能力。对于被执行人为企业法人或非法人组织的，因有详细的生产经营账目和财务报表，法律、司法解释也有明确的破产清算标准和流程，较易确定其真实履行能力。对于被执行人为自然人的，由于我国尚无个人破产制度，且自然人更易规避执行，对其真实履行能力认定难度较大。故我们重点对认定自然人"失能"的程序和标准进行分析研究，认为立足现有执行网络查控系统，通过升级完善系统功能，最大限度查找分析被执行人财产信息，可以实现认定自然人"失能"的目标。

为认真落实最高人民法院关于严格区分失信与"失能"的工作要求，推动"终本清仓"专项行动走深走实，天津市高级人民法院（以下简称

---

* 天津市高级人民法院党组成员，执行局局长。
** 天津市高级人民法院执行局综合处处长。
*** 天津市高级人民法院执行局综合处员额法官。

- 11 -

天津高院）执行局围绕如何认定"失能"进行了专题调研，并组织辖区法院开展主题研讨。经研究认为，在当前社会诚信体系尚不完善，被执行人转移财产、规避执行依然普遍存在的背景下，认定"失能"的关键在于确定被执行人的真实经济状况，即是否具有履行能力。执行实践中，应当从启动程序和实体认定标准两个方面具体把握。

一、启动程序

在被执行人确属"失能"的情形下，如不区分具体情况，机械采取信用惩戒措施，并对案件终结本次执行程序，将导致被执行人因信用惩戒难以重新恢复正常生产生活，经济状况进一步陷入困境，案件更加难以执行到位，且造成终本案件存量增长过快，案件需要不断轮查，浪费有限的司法资源。因此，对于被执行人因客观原因确无履行能力的，可以通过依法认定"失能"，使诚实而不幸的人恢复正常生活。在启动程序上，人民法院认定"失能"可以依当事人申请而启动，也可以基于实事求是原则，依职权启动。

（一）依当事人申请启动

这里的当事人主要是指被执行人。被执行人对自身经济状况最为了解，对于免除信用惩戒"枷锁"，重新恢复生产生活的需求最为迫切。因此，执行中，被执行人因客观原因陷入经济困境，无力履行生效法律文书确定义务的，可以向人民法院书面提出认定"失能"的申请。

自然人申请认定"失能"的，应当提交证据证明其属于"五保"、低保人员，本人或家庭无经济来源，无履行能力。

企业申请认定"失能"的，应当提交经营账目、审计报告、相关登记机关出具的证明，证明企业停止生产经营，确无资产可供执行，且无抽逃出资、转移财产等问题。

（二）人民法院依职权认定

虽然被执行人未提出书面申请，但从善意文明执行，推进终本出清的角度来看，人民法院在案件执行过程中，通过查询分析被执行人财产信息，发现被执行人可能处于"失能"状态的，应当主动审查，实事求是地予以确认，使确实"失能"的被执行人免除信用惩戒"枷锁"，彰显司法的人性温度。

二、"失能"认定标准

"失能"的认定标准因被执行人主体身份不同而有所区别。按照当事人主体区分，被执行人可以分为企业法人或非法人组织、自然人两类。

（一）企业法人或非法人组织的认定标准

按照法律规定，企业法人或非法人组织应当具备较为完整的财务管理制度，执行法院可以通过查询纳税和工商信息、审计生产经营账目和财务报表等执行措施，了解其真实经营情况，或者通过"执转破"方式，由民事审判部门依照《企业破产法》等法律规定，予以审查确认。

（二）自然人的认定标准

我国尚未建立个人破产制度，对于自然人"失能"的认定缺乏法律依据和配套机制，加之自然人更容易通过隐匿、转移财产等方式规避执行，认定"失能"难度较大，应更为慎重。当前，可以通过全国"总对总"网络执行查控系统（以下简称"总对总"）与各省市"点对点"网络执行查控系统（以下简称"点对点"）的信息化手段便捷查找被执行人绝大多数财产信息，为认定被执行的自然人"失能"打好基础。我们认为，可通过综合分析财产信息、消费信息、生活信息来判定被执行人真实履行能力，准确认定自然人"失能"。

1. 当事人申请"失能"的认定标准

被执行人提交书面申请，请求认定其"失能"的，应当承担举证责任，证明其属于"五保"、低保人员。执行法院审查证据合法、真实，并通过查控系统查询未发现可供执行财产，申请执行人亦无法提交有效财产线索，且认可被执行人经济状况的，一般可认定为"失能"。

2. 人民法院依职权认定"失能"的认定标准

除被执行人证明自身为"五保"、低保人员外，我们认为，人民法院通过查询财产信息、消费信息及其他生活信息，可以判定被执行人真实履行能力，进而认定"失能"。

（1）财产信息

财产是被执行人履行能力的基础和根本。财产信息应当包括以下三个方面。

一是执行时的财产现状。该部分信息反映被执行人在案件执行时的财产状况。通过现有"总对总""点对点"查询被执行人银行存款、不动产、机动车、股权等财产信息，可以了解被执行人当前的经济状况。

二是执行前财产变动情况。该部分信息反映被执行人执行前是否转移财产、规避执行。通过查询一定期限内（比如案件进入诉讼前的一年到执行案件立案时）被执行人银行存款、不动产、机动车、股权等主要财产权属的转移、变动情况，可以判定被执行人执行前是否转移财产，规避执行。这类信息尚无法全部通过网络查控系统查询，需要升级系统功能。

三是执行后财产收入情况。该部分信息反映被执行人未来可确定的收入。通过地方法院"点对点"线上查询社保、税务、公积金缴纳等信息，了解被执行人就业情况，确定被执行人可预期财产性收入。例如，通过查询社保信息中的社保缴纳单位、缴纳基数，税务信息中的个人所得税缴纳单位、缴纳基数，公积金信息中的公积金缴纳单位、缴纳基数等，可以确定被执行人工作单位和工资收入。

（2）消费信息

有的被执行人虽然经查控显示其无财产，但其通过他人代持资产的方式转移财产、规避执行，日常生活依然有高消费行为。这也是导致认定"失能"存在偏差的最大隐患。因此，应当将被执行人高消费行为作为消极条件，存在高消费行为的，不应当认定为"失能"。高消费行为主要审查以下三个方面。

一是线上支付消费是否超过生活必需费用。当前，线上支付已经成为市场交易的主要支付方式，"总对总"已建成与微信、支付宝等线上支付平台的网络对接，可以查询被执行人网络银行账户余额。在此基础上，通过查询被执行人线上支付流水，可以判定被执行人是否存在高消费。例如，被执行人单笔消费超过一定金额，或者月度、年度消费总金额明显超过保障其与家庭成员的基本生活支出的，可以判定存在高消费行为，不应当认定为"失能"。

二是其他高消费行为。现实生活中，被执行人最普遍、最直接的高消费行为体现为乘坐飞机、高铁。通过建立完善与民航、铁路两部门的信用惩戒反馈机制，确定被执行人"失能"前，在反馈系统中查询核实，如果存在乘坐飞机、高铁等高消费行为的，不应当认定为"失能"。

三是申请执行人有证据证明被执行人在星级以上宾馆、酒店、夜总会、高尔夫球场等场所进行高消费的，不应当认定为"失能"。

(3) 其他生活信息

除了财产信息、消费信息外，执行法官还可以通过线上查询被执行人民政信息或者通过社区、网格员协助调查了解被执行人实际生活情况，进一步佐证"失能"的认定。

一是民政信息。民政信息中的救助信息和婚姻信息对于证明被执行人是否"失能"尤为重要。通过"点对点"查询民政救助信息，发现被执行人被纳入低保的，可以作为认定"失能"的主要依据；通过查询被执行人婚姻信息，发现有借助离婚转移财产可能的，则不应当认定为"失能"。

二是基本生活信息。网格员作为基层治理的"前哨兵"，对辖区情况较为熟悉。可将被执行人信息嵌入综治网格平台，借助网格员的力量，了解掌握被执行人家庭住房、车辆、日常消费等基本生活状况，也可以佐证对"失能"的认定。同时，将"失能"人员信息嵌入网格平台，还可以对"失能"人员进行有效监督，及时了解被执行人生活财产的变化，推动案件后续执行。

近年来,虽然最高人民法院、地方各级法院不断完善网络执行查控系统建设,努力实现对被执行人财产信息"一网打尽"。但是,认定被执行人"失能",需要足够的数据支撑。目前,查控系统仅显示提起查控时被执行人的财产状况,无法查询可能提前转移的财产,也无法查询未来可确定的收入,需要重点从以下三个方面升级完善。

一是升级"总对总"功能。首先,需要实现通过网络查控系统对被执行人银行存款、不动产、机动车、股权等财产变动情况的查询,以确定被执行人是否存在转移财产、规避执行的问题。其次,需要升级与微信、支付宝等支付平台的联动功能,实现对被执行人消费流水的线上查询,以确定是否存在高消费行为。最后,需要上线与民航、铁路等部门的系统对接,以确定被执行人是否存在乘坐飞机、高铁等高消费行为。

二是完善地方"点对点"功能。第一,需要对主要集中于地方行政机关的被执行人民政信息、人社信息、公积金信息等实现线上查询,以了解被执行人就业状态,确定可预期收入。第二,需要实现与地方网格中心的数据对接,通过社区、网格员了解被执行人日常生活状况。

三是上线数据分析功能。为提升数据分析能力,可以在查控系统内增加大数据分析功能,对系统反馈数据进行自动分析,形成被执行人履行能力报告,为认定"失能"提供支撑。经查询分析被执行人名下无财产可供执行,日常消费流水仅为保障其与家庭成员的基本生活支出,无房产、机动车、股权等产权变动,也无其他高消费行为的,可以通过数据分析,系统自动形成无履行能力报告,人民法院即可认定其为"失能"。

三、配套保障机制

除认定标准外,我们认为,还需要建立一系列配套机制,对被执行人进行监督、制约,确保其恢复履行能力后及时履行义务,使认定"失能"制度落地落实,发挥实效。例如,公示制度,对"失能"信息以何种方式、在何种范围内向当事人送达、向社会公示,接受申请执行人以及社会监督;财产报告制度,"失能者"在多长期间内向人民法院报告自身财产变动情况;惩戒制度,"失信者"违规申请"失能",逃避执行或者违反相关规定的,采取何种惩戒措施;恢复制度,"失信者"恢复履行能力的,如何恢复案件执行;救助制度,对被执行人"失能",而申请执行人生活确实困难的,在司法救助基础上,如何加强与民政部门的衔接配合,发挥民政救助作用,保障申请执行人的基本生活。

认定被执行人"失能"是执行工作的重大创新,是落实善意文明执行理念的重要举措,对于保障被执行人权益,推进"终本清仓",提升社会诚信水平都具有重要意义。但由于没有相应的法律依据,也必然面临巨大挑战,需要勇于尝试,积极突破,不断总结实践经验,更新完善机制,稳步落地落实,为最终推进"终本清仓"行动取得扎实成效打好基础。

【执行热点前沿】

司法拍卖中的瑕疵担保探析
——从"凶宅"拍卖案切入

刘　坤[*]

摘要： 将查封的财产变价为一定数额的金钱是金钱债权执行中对非一般等价物的执行标的物处理的必经环节。变价的方式主要有拍卖、变卖、以物抵债和强制管理四种。其中，强制拍卖是连接查封和分配的中间环节，是最重要的变价手段。强制拍卖的性质和效力，是强制执行领域最具有争议的问题之一，既影响强制执行法的理论解释，也决定了相关程序的构建。近年来，随着实践的发展，我国出现了网络司法拍卖等重要成果，最高人民法院出台了系列司法解释，如何将实践经验总结提炼并不断完善规则，仍是理论和实务界的重任。实践中，对司法拍卖效力的审查是执行审查类案件中的常见类型，其中有不少涉及司法拍卖的瑕疵担保问题。笔者尝试结合涉及司法拍卖中瑕疵担保的相关案例，并以此为切入点和观察角度，研讨分析司法拍卖相关制度的理论和实践问题，并提出在司法拍卖前履行"尽责调查、充分公告提示"等职责，即可免除瑕疵担保责任。

---

[*] 广东省佛山市中级人民法院执行局副局长、四级高级法官。

一、问题的提出：对"凶宅"司法拍卖瑕疵担保的处理争议较大

（一）案件事实情况

A 法院在执行某银行申请执行金融借款合同纠纷一案过程中，在网络平台进行拍卖前公告，公示："【特别提示】3. 竞买人务必在参拍前仔细审查拍卖标的物，调查标的物是否存在瑕疵，认真研究其现状，并亲临展示现场，实地看样，未看样的竞买人视为对本标的实物现状的确认，责任自负。竞买人一旦作出竞买决定，无论是否实地看样，都视为对本拍卖财产实物现状的确认，即视为对拍卖财产完全了解，并接受拍卖财产一切已知和未知的瑕疵。4. 本院不保证拍卖财产真伪或者品质，不承担瑕疵担保责任。【标的物瑕疵】本次拍卖是经法定公告期和展示期后才举行的。拍卖人对拍卖财产所作的说明和提供的图片等，仅供竞买人参考，不构成对拍卖财产的任何担保……慎重决定竞买行为，竞买人一旦参加竞买，无论是否实地看样，都视为对拍卖财产完全了解，并接受拍卖财产一切已知和未知的瑕疵，责任自负。"涉案房屋随后于 2022 年 12 月公开拍卖，由买受人甲竞得。A 法院于 2023 年 1 月作出成交确认裁定、协助执行通知书，分别送达甲和房产登记机关。后甲在办理接收、过户的过程中了解得知，涉案房屋中曾发生过非正常死亡事件，原屋主于 2021 年在涉案房屋内死亡，死亡原因为"符合中毒死亡、烧炭自杀"。甲以此为由，向 A 法院提出执行异议，请求撤销拍卖。

A 法院经审查认为，A 法院在拍卖之前，已经公告特别提示，请竞买人自行对标的物充分调查，对潜在的瑕疵等不承担担保责任，因此，不属于公示信息严重失实造成的重大误解，甲的申请于法无据，予以驳回。甲向 B 中院申请复议。

（二）裁判结果

B 中院审查认为，"择吉而居"是我国传统习俗，此习俗的沿袭形成

了房地产的交易惯例,对房屋的交易价格产生较大影响;执行法院在网络司法拍卖过程中对足以影响涉案房屋拍卖交易价格的重大信息应进行充分披露,以保障竞买人的知情权;执行法院的拍卖公告,虽然特别提示了不承担拍卖标的的瑕疵保证责任,房屋内曾发生自然人非正常死亡事件不属于该原则适用的范畴,竞买人通过看样并不能在短时间内获取涉案房屋内曾发生自然人非正常死亡事件的信息。甲基于对司法拍卖所披露信息的信赖,产生了误判,损害了其合法利益。依据《最高人民法院关于人民法院网络司法拍卖若干问题的规定》(以下简称《网拍规定》)第31条第6项,裁定:撤销异议裁定;撤销拍卖行为;撤销成交裁定和协助执行通知书。

(三)问题的核心:司法拍卖是否应承担瑕疵担保责任

笔者了解到,对司法拍卖"凶宅"是否撤拍问题在理论和实践中意见不一、争议较大。笔者在中国裁判文书网进行类案检索,涉及"凶宅"司法拍卖的执行裁定(经复议的以一份计),其中,撤拍的占27.3%,驳回异议的占54.5%,发回重审的占9%,直接不拍卖的占9%;并搜索了涉及"凶宅"的民事审判案件,解除合同的约占80%,继续履行合同的约占20%。

梳理以涉及"凶宅"为由申请撤销拍卖的执行裁定,主要争议点如下。

1. 发生过非正常死亡是否属于瑕疵

主张维持拍卖一方(以下简称为正方)认为,"凶宅"不是法律概念,该说法属于封建迷信,不应被宣扬或公告,从科学来看并不影响房屋的使用。主张撤销拍卖一方(以下简称为反方)认为,公众对于择吉而居、趋吉避凶的想法和愿望,属于传统文化,与封建迷信有一定的区别,从情理上可以理解并尊重,在实际的市场交易中,该因素足以影响拍卖成交价格。

2. "凶宅"的内涵范围

正方认为,应从严把关,有些因病去世、同一楼栋或者同一层其他单元发生的,或者建造本房产的用地之前曾用于殡仪馆等,发生非正常死亡的时间、空间距离较远的都不应算为"凶宅"。反方认为,可从宽把握。

3. 法院应查明而未查明并公告披露,应否撤销

正方认为,执行实施法官因在执行案卷中没有相关信息反映的而没有查出"凶宅"情况的,无须进一步查明是否存在瑕疵,且不能以此为由申请撤销拍卖。反方认为,执行实施法官要尽责调查,如在审判案卷中或者其他材料中有相关内容的,执行实施法官都应去查明情况,否则应予撤销。

4. 确属于隐蔽瑕疵的,应否撤销

正方认为,按一般调查手段难以发现隐蔽瑕疵,公告内容并无严重失实,且已经在拍卖公告中就相关瑕疵以及责任承担予以公示说明,声明不承担瑕疵担保责任,执行法院客观上无从知晓案涉房屋曾发生的事件,在拍卖过程中并无严重违反拍卖程序的情形,依照《网拍规定》第31条第1项、第6项规定,不应撤销拍卖。反方认为,经查确实存在非正常死亡事件,虽然未查明并非出于执行法院的原因,执行法院也没有明显过失或者违反拍卖程序,但存在该情况客观上足以影响标的物拍卖成交价格,拍卖行为确实损害了买受人的利益,对竞买人显失公平,违反司法拍卖的原则和目的,故应予撤销。

5. 对执行秩序的稳定和执行效率的考虑

正方认为,为了维护司法拍卖的权威性、公信力和安定性,提高执行效率,应该尽量维持拍卖效力,而且撤销拍卖,对执行案件各方当事人也不公平。反方认为,应考虑公平,维护买受人的实体权益。

笔者倾向认为,确属发生非正常死亡事件影响的房产,结合传统文化习惯、客观上通常会影响相关交易价格等因素考虑,属于有瑕疵的情况。司法拍卖的瑕疵担保责任应否承担、承担的情形或者边界如何界定,

以及实践中应如何操作等核心争议,需要进一步从司法拍卖理论和实践探析答案。

二、司法拍卖的理论分析

(一) 司法拍卖的性质

对于司法拍卖的性质,主要有以下两种学说。

私法说认为,强制拍卖是私法行为,属于特种买卖合同的一种。传统民法认为,无论是任意拍卖还是强制拍卖,均是采取竞价方式的买卖,适用民法上买卖合同的规定,例如要约、承诺、买受人有瑕疵担保请求权等。19世纪末,德国、法国等受传统民法影响的大陆法系国家认为,债权人是强制执行权力的渊源,国家(执行机构)只是债权人的代理人,制度构建的核心是私权,故强制拍卖的理论基础是私法。

公法说认为,强制拍卖是国家权力机关实施的公法行为。20世纪初,伴随着民事诉讼法公法化趋势,在德国,强制执行逐步由债权人"私的执行"发展到"官的执行",执行机构取代债权人的地位,独占了对债务人的强制执行权,强制执行公法化开始抬头。随后,全面采纳了强制执行是公法行为的学说,受此影响,强制拍卖的理论基础不再是民法上的法律行为理论,而是公法上的公用征收处分理论,或公法契约学说,或裁判上的形成行为学说。[①] 由此,强制拍卖的法律效果有了新的定位:买受人原始取得拍卖物所有权,买受人无瑕疵担保请求权,原则上不承受拍卖物上的负担等。

从强制执行法的发展趋势看,在大陆法系国家,民事强制执行属于公法行为已经成为学界的通说。

在我国,对强制拍卖的性质一直存在争论。部分民法学者主张强制拍卖的私法说,而民事诉讼法学者和司法实务部门倾向于公法说。我国

[①] 赵晋山:《强制执行程序中的拍卖问题研究》,载《强制执行法起草与论证》,中国法制出版社2002年版,第79~82页。

立法以及最高人民法院倾向于公法说。《最高人民法院关于适用〈中华人民共和国民事诉讼法〉的解释》第486条规定,"人民法院在执行中需要拍卖被执行人财产的,可以由人民法院自行组织拍卖,也可以交由具备相应资质的拍卖机构拍卖。交拍卖机构拍卖的,人民法院应当对拍卖活动进行监督"。《网拍规定》第2条规定,人民法院以拍卖方式处置财产的,应当采取网络司法拍卖方式。

(二) 司法拍卖适用法律以及救济方式

司法拍卖是适用《民法典》《拍卖法》,还是别的法律?最高人民法院认为,司法拍卖是强制执行行为,具有公法性质,强制执行权是法律赋予的,不是来源于当事人的私权。即使是法院委托拍卖,拍卖机构的拍卖活动只能在法院授权下和监督下进行。因此,司法拍卖应适用《民事诉讼法》及相关司法解释。在最高人民法院125号指导性案例中,明确了"网络司法拍卖是人民法院通过互联网平台进行的司法拍卖,属于强制执行措施。人民法院对网络司法拍卖中产生的争议,应当适用民事诉讼法及相关司法解释的规定处理"。

对司法拍卖不认可产生争议,应通过什么程序寻求救济,能否提起民事诉讼?最高人民法院认为,司法拍卖不属于平等主体之间的纠纷,不应纳入民事诉讼主管的范围。司法拍卖是人民法院对被执行人财产采取的处分行为,是人民法院根据法律规定履行法定职责的行为,因此,不属于普通拍卖,具有公法性质,拍卖机构只是辅助人的角色,当事人、拍卖机构、法院之间不是平等权利义务关系。司法拍卖争议的救济方式应该是在执行程序中提出执行异议、复议,由人民法院进行审查处理。司法拍卖由法院组织,法院有权对拍卖程序、拍卖效力等进行审查。

三、司法拍卖瑕疵担保责任的研析

(一) 民事执行法学者观点——原则上无瑕疵担保请求权

有民事执行法学者认为,基于强制拍卖是公法性质的行为,买受人取得拍卖物并非根据民事法律行为，而是依据执行机构行使的公权力，其取得所有权并非从前手上继受取得，而是原始取得，因此买受人无瑕疵担保请求权可言，[①] 主要理由如下。

其一，就强制拍卖的性质和特点而言，强制拍卖并未经得被执行人同意就开展，且申请执行人也不是拍卖物的所有人，对拍卖物情况了解不多，法院也如此。

其二，就司法拍卖的程序而言，通过拍卖前的公告、拍品展示等程序，竞买人已经获得发现、了解拍卖物的瑕疵的条件。

其三，就司法拍卖的确定性和终结性而言，行使瑕疵担保请求权，将导致不断产生新的争议和纠纷，如产品质量争议、要求撤销拍卖、减少拍卖价款等，该纠纷难以通过执行程序获得圆满解决，影响了强制执行的权威性、公信力和安定性。

其四，德国、法国、瑞士、日本等大陆法系国家对司法拍卖中物的瑕疵担保责任，基本采否定论。

笔者研究认为，对司法拍卖中物的瑕疵担保责任的认可程度，核心问题是倾向于保护司法拍卖的权威性、公信力和安定性，以贯彻执行效率原则，还是倾向于保护买受人等利害关系人的实体权利。民事诉讼法学者似倾向于前者，民法学者可能更倾向于后者。

（二）我国现行法律的规定——有条件地免除瑕疵担保责任

《最高人民法院关于人民法院确定财产处置参考价若干问题的规定》（以下简称《确定参考价规定》）第3条第1款规定："人民法院确定参考价前，应当查明财产的权属、权利负担、占有使用、欠缴税费、质量瑕疵等事项。"《网拍规定》第14条规定："实施网络司法拍卖的，人民法院应当在拍卖公告发布当日通过网络司法拍卖平台对下列事项予以特别提示……（三）拍卖财产已知瑕疵和权利负担；（四）拍卖财产以实

[①] 肖建国：《论民事诉讼中强制拍卖的性质和效力》，载《北京科技大学学报（社会科学版）》2004年第4期。

物现状为准，竞买人可以申请实地看样；（五）竞买人决定参与竞买的，视为对拍卖财产完全了解，并接受拍卖财产一切已知和未知瑕疵……"第 15 条规定："被执行人应当提供拍卖财产品质的有关资料和说明。人民法院已按本规定第十三条、第十四条的要求予以公示和特别提示，且在拍卖公告中声明不能保证拍卖财产真伪或者品质的，不承担瑕疵担保责任。"第 31 条规定："当事人、利害关系人提出异议请求撤销网络司法拍卖，符合下列情形之一的，人民法院应当支持：（一）由于拍卖财产的文字说明、视频或者照片展示以及瑕疵说明严重失实，致使买受人产生重大误解，购买目的无法实现的，但拍卖时的技术水平不能发现或者已经就相关瑕疵以及责任承担予以公示说明的除外……（六）其他严重违反网络司法拍卖程序且损害当事人或者竞买人利益的情形。"

由上述规定可知，在符合法定条件（拍卖前尽责查明，予以公示、特别提示，并公告中声明不保证）的情况下，原则上可以免除瑕疵担保责任。执行法院在确定处置参考价程序前，要先进行财产情况调查，查明是否存在相应瑕疵，并在拍卖前予以公示和特别提示，并在拍卖公告中"声明不保证"，即可免除瑕疵担保责任。

（三）关于权利瑕疵担保责任

我国现行法律对拍卖财产上的权利负担的处理有两种模式：一是对担保物权及其他优先受偿权，采涂销主义；二是对租赁权及其他用益物权，采承受主义（须符合一定条件）。在执行过程中，还要考虑查封与设定权利负担的先后关系、有无实际占有等因素，再作相应的评价处理。权利负担是上述司法解释明确要求法院查明的瑕疵事项，执行实施人员应当全面细致核查清楚，对于需要采取承受主义的，如需要带租约拍卖，应该提前公告关于权利负担的瑕疵说明，在拍卖公告中予以特别提示，才能免除瑕疵担保责任。

四、价值倾向——应回归司法拍卖本身的属性予以考量

综上分析，在司法拍卖中对类似于"凶宅"的瑕疵是否需要承担瑕

疵担保责任，笔者倾向于要回归司法拍卖本身的性质、价值追求和强制拍卖法律关系中的价值平衡予以考量，得出以下结论：在司法拍卖前履行"尽责调查、充分公告提示"等职责，即可免除瑕疵担保责任。具体理由以及实践中应注意的操作如下。

（一）从价值取向来看，司法拍卖属公法性质的强制执行措施，应充分体现强制执行的原则和价值追求

司法拍卖的性质与民法规定的普通买卖不同，司法拍卖属公法执行，应体现强制执行的权威性、公信力，尽可能维持执行措施的安定性、稳定性，遵循效率原则。因此，对于撤销拍卖应从严掌握。如在提出异议的时间把握上，应严格适用《最高人民法院关于人民法院办理执行异议和复议案件若干问题的规定》第6条关于提出异议的期限限制规定。而民法中的买卖合同更加注重买卖双方利益平等保护，以承担瑕疵担保责任为原则，故在类案检索中可见，民事案件大部分判决对承担瑕疵担保责任予以认可。

（二）从法律适用来看，司法拍卖应适用民事诉讼法及相关司法解释，落实有条件地免除瑕疵担保责任的规定

《网拍规定》等规定明确了，司法拍卖可以有条件地免除瑕疵担保责任。在执行法院尽责调查，并作出特别提示、"声明不保证"后，不应再承担瑕疵担保责任。这里，执行实施人员应该在拍卖前，依照《确定参考价规定》第3条第1款的规定尽责调查，并全面公告、提示、声明，把执行实施工作做扎实，保留、固定证据，为尽量维持拍卖效力创造条件。即使参照《民法典》第618条"当事人约定减轻或者免除出卖人对标的物瑕疵承担的责任，因出卖人故意或者重大过失不告知买受人标的物瑕疵的，出卖人无权主张减轻或者免除责任"的精神，瑕疵保证应是有限度的，不能无限扩张。

（三）从利益平衡来看，对买受人利益应作适度保护

在强制拍卖法律关系中，有申请执行人、被执行人、买受人、案外人等多方，而在一般民事买卖法律关系中，主要有买卖双方当事人。在强制执行中，要平衡好买受人与执行案件当事人和利害关系人各方的利益。第一，竞买人参加司法拍卖的竞买可以从拍卖公告的特别风险提示、"声明不保证"中得知拍卖物有质量问题等不保证风险；第二，根据一般生活经验，司法拍卖物品一般为二手物品，通常已经经过一定使用，会存在损耗，可能存在隐蔽瑕疵以及其他风险。这与一般市场上的买卖还是有区别的。对以上情况竞买人应有一定的心理预期，并体现在成交价中。实践中，竞买人也会对拍品的真实情况打个问号，有一定"碰运气"的成分。据此，在强制拍卖中，对买受人利益的保护应适度，不能过度保护而造成利益失衡。除非有"严重失实，致使买受人产生重大误解"或"严重违反网络司法拍卖程序且损害当事人或竞买人利益"等情形，一般不应轻易否定拍卖效力。

强制执行程序中劳动债权优先清偿问题的研究

——对《民事强制执行法（草案）》第 179 条第 1 款的理解展开

潘鹏武[*]　项　杰[**]

摘要：在强制执行实务中，关于劳动债权参与分配的清偿顺位，各地法院做法多有不同，也常常引发争议。劳动债权优先清偿在化解劳资矛盾、维护社会稳定、统一法律适用方面有必要性。《民事强制执行法（草案）》首次尝试以设定清偿顺位的方式，对劳动债权等特殊债权予以优先清偿保护，并将劳动债权的清偿顺位置于担保物权之前，对此，理论与实务界有不同认识。在公正与效率理念的指引下，本文尝试通过比较法研究，从劳动债权优先清偿的必要性谈起，进而分析研究劳动债权优先权和担保物权，再结合现实情况，探讨通过完善劳动债权优先权制度对劳动债权予以保护，解决优先清偿问题。

强制执行参与分配制度置于破产财产分配程序前，加速了财产的流转，体现了法院工作重视效率的主题，具有重要意义。但深入分析，参与分配制度仅具备破产财产分配的外观，而不具备破产法保护劳动债权等特种债权优先性的理念，这看似对各类普通债权一律平等保护，实质上未能就特殊原因产生特种债权给予优先保护。劳动债权作为一种常见

---

[*] 浙江省温州市鹿城区人民法院执行局助理执行员。
[**] 浙江省温州市鹿城区人民法院立案庭庭长。

的债权，在强制执行参与分配中，未予以优先清偿保护，引发疑问和争议。那么，劳动债权是否具备优先性，众说纷纭：有观点认为，劳动债权不具有优先性，跟普通债权一样根据债权数额按比例参与分配；有观点认为，同破产程序的做法一样，劳动债权优先于普通债权；① 有观点认为，劳动债权甚至优先于抵押债权②等。本文尝试从《民事强制执行法（草案）》第 179 条第 1 款③的理解展开，对劳动债权的优先性进行讨论。

一、劳动债权在强制执行中清偿顺位的现状

（一）实务中对劳动债权清偿顺位的不同做法

目前，我国各地法院对劳动债权的优先清偿做法有所不同，笔者以北京、广东和浙江三地为样本，进行举例说明。

1. 北京地区做法

北京市高级人民法院于 2013 年修订了《北京市法院执行工作规范》，其第 328 条第 1 款第 2 项、第 3 项规定，建设工程款享有优先权的部分先于基于担保物权的债权受偿，劳动债权比照建设工程款优先权的顺位受偿，但仅限于案款分配时本地区上一年度职工平均工资范围内的工资，超出部分作为普通债权受偿，两金三险（经济补偿金、赔偿金、职工基本医疗保险费、失业保险费、基本养老保险费）亦参照建设工程款优先权的顺位受偿。换言之，案款分配时本地区上一年度职工平均工资范围内的工资和两金三险等劳动债权优先于抵押债权受偿。

---

① 参见王利明：《关于劳动债权与担保物权的关系》，载《法学家》2005 年第 2 期。
② 参见韩长印、韩永强：《债权受偿顺位省思——基于破产法的考量》，载《中国社会科学》2010 年第 4 期；林一：《侵权债权在破产程序中的优先受偿顺位建构——基于"给最少受惠者最大利益"的考量》，载《法学论坛》2012 年第 2 期。
③ 《民事强制执行法（草案）》第 179 条第 1 款规定："执行款在优先清偿执行费用和共益债务后，依照下列顺序进行分配：（一）维持债权人基本生活、医疗所必需的工资、劳动报酬、医疗费用等执行债权；（二）对执行标的享有优先受偿权的债权；（三）其他民事债权。"

2. 广东地区做法

广东省高级人民法院〔2001〕粤高法执请字第16号《关于执行程序中工人工资与"社保金"的清偿顺序是否优先于抵押权问题的批复》，同意广东省江门市中级人民法院将抵押物变现后的一部分价款优先用于支付拖欠的工人工资，从而明确了工人工资的清偿顺序优先于抵押权。[1] 根据该批复，广东地区的各级法院支持了工人工资债权优先于抵押债权，如广州市从化区人民法院对一起执行分配方案异议之诉纠纷进行判决，某拓实业公司员工的工人工资债权作为一般优先权当然优先于原告某融资产管理公司的抵押权，从而驳回原告的诉讼请求，广州市中级人民法院亦维持了广州市从化区人民法院的判决。[2]

3. 浙江地区做法

浙江省高级人民法院公布的《关于多个债权人对同一被执行人申请执行和执行异议处理中若干疑难问题的解答》（浙高法执〔2012〕5号）第7条、第8条涉及执行中的优先权问题，该解答未将劳动债权纳入优先权的范围，这意味着劳动债权的清偿顺序劣后于抵押债权，甚至仅作为普通债权参与执行分配。实践中，往往协调工人向法院申请对被执行人公司执行移送破产程序，通过破产程序中工资优先于普通债权清偿，达到优先的目的。例如，在温州某执行案件中，被执行人温州某某尊鞋业有限公司拖欠12名工人工资，法院执行中发现该公司有15万元保证金已优先被另外4起涉该公司的案件保全，且涉诉金额高，根据冻结的先后顺序，工人工资的执行案件因轮候冻结无处置权，只能待该4起案件审理结束后，共同就15万元执行款按比例分配，工人的受偿率极低，工人因此信访，经释法、协商后，该院执行局在获得工人方申请的情况下，对该案执行移送破产程序，最后，12名工人优先受偿了该笔执行款，受

---

[1] 肖少珍、李小莹：《工人工资债权是否优先于抵押债权受偿?》，载《法治论坛》2020年第1期。

[2] 参见广州市从化区人民法院（2018）粤0117民初615号民事判决书、广州市中级人民法院（2018）粤01民终19003号民事裁定书。

偿比例达98%。

通过上述三地对劳动债权优先性的分析，可见各地对劳动债权优先性的看法和分歧较大，不利于劳动者权益的保护和法律适用的统一。

（二）域外对劳动债权优先的做法

目前，域外对劳动债权优先的做法是其基于本国的特定情况和实际需要所作出的社会公共政策的选择，并不存在一个固定的统一模式可循。但是，纵观各国立法，对待劳动债权均有不同程度的优先。

最早继受罗马法的法国建立了优先权制度保护劳动债权在内的特种债权，并采用了两个标准对优先权进行划分：依标的是否特定，可作一般优先权和特别优先权的划分；依标的类别的不同，可作动产优先权和不动产优先权的区分。其中，一般优先权和特定优先权、不动产优先权中都纳入了工资优先权。例如，《法国民法典》第2101条[①]的一般优先权就包括劳动者的报酬，具体包括受雇人过去一年及当年的报酬等；第2103条[②]规定的特定不动产优先权中包括建筑师、承包人以及工人对所建工程的优先权等。

日本继承和改进了法国对优先权的规定，将优先权分为一般优先权、动产特别优先权与不动产特别优先权，并在《日本民法典》第306条[③]中将劳动债权列为次于共益费用的第二顺序的一般先取特权，确定了劳动债权较普通债权优先的地位。至于日本关于劳动债权和担保物权顺位之比较，其在破产程序中，未将有财产担保债权作为破产债权，而是设为别除权。[④]

德国并未在其民法典中对优先权制度进行系统规定，而是零散地规定在某些特别法中。究其原因，以潘德克顿法学为基础的《德国民法典》尤为重视物权公示制度，而优先权的取得并不以占有或者登记为要件，

[①] 《法国民法典》，罗结珍译，中国法制出版社1999年版，第473~479页。
[②] 《法国民法典》，罗结珍译，中国法制出版社1999年版，第473~479页。
[③] 《日本民法典》第306条规定："基于以下任一理由的债权人，在债务人的全部财产上享有优先权：一、共同利益的费用；二、丧葬费用；三、员工工资；四、日常生活必需品的供应。"
[④] 参见刘明尧：《破产债权制度研究》，中国社会科学出版社2018年版，第178页。

缺乏公示性，故《德国民法典》在构建物权体系时，仅是将抵押权和质权物权化纳入其中，对于无法根据物权优先效力解释的优先权则不予采纳。而将劳动债权优先权等一般优先权归于破产优先债权予以保护，如《德国破产法》第61条将劳动债权列为第一顺位破产债权，① 而后德国对破产法进行改革，《德国支付不能法》将劳动债权列为第一顺位普通破产债权，与其他处于同一地位的普通债权按比例受偿。②

英国作为英美法系的代表，其对劳动债权优先的规定较少，主要是在破产程序和海事法领域：根据《英国破产法》第326条、第328条、第386条和附表6优先债权的类别的规定③，职员和工人的酬金、工资、医疗费用、劳动保护费等劳动债权属于优先债权类别，在普通无担保债务之前受偿，但劣后于担保债权和破产清理费用之后受偿；《英国海商法》赋予船员特殊的工资优先权，这一原则历史悠久且受到国际公约的强化，船员的工资优先于船舶抵押债权和其他一般债权。

美国对工资优先的规定主要体现在破产法和一些州的公司法中。例如，根据《美国破产法》，未支付的工资和其他劳务报酬债权作为第三顺位优先破产债权，但也对其进行了限制，必须是在破产前90日内发生且不得超过2000美元；雇工的福利债权作为第四顺位优先破产财产，也受到一定限制，必须是在破产申请提出前180日内与雇员工作有关的福利，并且最高金额不得超过2000美元④；特拉华州的公司法规定，在公司不能清偿债务时，雇员的工资应当在公司偿付其他债权之前偿付，但工资优先权的范围是不超过2个月的工资。

由此可见，部分国家已经建立了关于劳动债权优先的规定，明确了劳动债权优先于普通债权受偿。

---

① 参见刘明尧：《破产债权制度研究》，中国社会科学出版社2018年版，第173页。
② 参见刘明尧：《破产债权制度研究》，中国社会科学出版社2018年版，第173~175页。
③ 参见《英国破产法》，丁昌业译，法律出版社2003年版，第243、244、245、378~383页。
④ 参见刘明尧：《破产债权制度研究》，中国社会科学出版社2018年版，第26页。

二、劳动债权优先问题的分析

(一) 劳动债权优先的必要性和可行性分析

1. 劳动债权优先的必要性分析

劳动债权优先是政治需要。首先，劳动债权直接关涉民生。劳动报酬是劳动者维持基本生活和家庭生计的重要来源，甚至对于部分劳动者来说是唯一生活来源。若劳动报酬不能得到保障，普通劳动者的生活将难以为继，政府和社会负担加重，成为引发社会不稳定的一个因素。其次，劳动债权优先在保障基本人权方面有着重要的意义。生存权和发展权是首要的基本人权。[①] 笔者认为，工资等收入是保障生存权的基本方式，劳动债权优先直接体现了对人权的保障。贫穷是实现人权的最大障碍，劳动债权被优先支付时，劳动者的基本生活需求更有可能得到保障，从而避免陷入贫困。最后，我国的国家性质决定了劳动债权应当优先。《中国共产党党章》指出：中国共产党的最高理想和最终目标是实现共产主义。共产主义国家的核心理念是追求社会的公平、平等与共同富裕。劳动债权优先有助于减少贫富差距，促进社会的平等与和谐。劳动债权优先也彰显了国家对工人阶级的重视和支持，巩固了工人阶级的领导地位。

劳动债权优先是社会需要。劳动债权优先有助于实现社会公平正义。在社会的第一次分配中，劳动者往往处于弱势地位，其没有足够的资源和手段来保护自己，尤其是在目前就业形式日益严峻、劳动力供大于求的情形下，大部分劳动者没有与用人单位谈判的筹码，等价交换的定价权掌握在用人单位手里，因此劳动债权优先有助于保护弱势群体的利益，纠正市场经济条件下可能出现的分配不公现象，从而促进社会公平正义。劳动债权优先有助于提高社会效率。劳动债权优先可以激发劳动者的积

---

① 参见仲音：《生存权和发展权是首要的基本人权》，载《人民日报》2022年7月6日第4版。

极性和创造力，提高工作效率和质量，加速生产力和生产要素流转，提高社会效率。另外，劳动债权优先可以加速法院执行款分配，减少当事人对劳动债权分配顺位理解的混乱，进而减少劳动债权分配顺序异议的产生，增强了司法统一性，提高了工作效率，节省了司法资源，劳动者早日收到执行款，亦可以将更多的精力投入工作，创造价值。

2. 劳动债权优先的可行性分析

从立法精神分析，《宪法》在公民的基本权利和义务中规定了公民的劳动权和获得报酬的权利；《劳动法》通篇贯彻了保护劳动者合法权益的立法精神，并对各环节的保护措施进行细化，如确定最低工资标准、带薪休假、侵害劳动者合法权益的赔偿等；《刑法》中涉及劳资纠纷的典型罪名拒不支付劳动报酬罪，旨在保护劳动者的合法权益，为劳资纠纷带上"紧箍咒"，打击恶意拖欠工资等违法行为。由此可见，我国在立法的理念上已经认可了劳动债权优先，并已在各部法律中体现，只是未能系统地对劳动债权优先进行规定。

从法律条文分析，经笔者梳理，我国涉及劳动债权优先的规定主要有：（1）《企业破产法》第109条、第113条规定，职工工资等优先于普通债权清偿，但担保权人对特定财产享有优先受偿权，换言之，工资债权在破产程序中的清偿顺位优先于普通债权但劣后于抵押权等担保物权；（2）《海商法》第22条、第25条的船舶优先权规定，船长、船员等工作人员的工资等劳动报酬优先受偿并优先于船舶留置权、抵押权受偿；（3）《民法典》第807条和《最高人民法院关于审理建设工程施工合同纠纷案件适用法律问题的解释（一）》第35条、第36条规定，承包人享有的建设工程价款优先并先于抵押权和其他债权，虽未明确规定劳动债权优先，但建设工程价款主要由农民工工资和材料款构成，建设工程价款优先可视为劳动债权优先；（4）《公司法》（2023年修订）第236条规定，公司清算时公司财产优先支付清算费用、职工的工资、社会保险费和法定补偿金等；（5）《合伙企业法》第89条规定，合伙企业财产优先支付清算费用和职工工资、社会保险费用、法定补偿金等；（6）《个人独资企业法》第 29 条规定，个人独资企业解散的，财产应优先清偿所欠职工工资和社会保险费用；（7）《商业银行法》第 71 条规定，商业银行破产清算时，优先支付清算费用、所欠职工工资和劳动保险费；（8）《保险法》第 91 条规定，职工工资等优先于普通破产债权清偿；（9）《民办教育促进法》第 59 条规定，教职工的工资及社保费用应优先于其他债权。上述规定均体现了对劳动者的保护，并不同程度保障工人的劳动债权。

综上所述，我国的立法理念和方向是更加注重保护劳动者和劳动债权，且在立法实践中，将保护劳动者、保护劳动债权写入了大量的部门法，故建立统一的劳动债权优先权制度是符合立法精神和司法实践的。

（二）劳动债权优先权问题需要厘清的几个概念

1. 优先权概念

优先权制度起源于罗马法[①]，其创设之主旨是打破债权平等原则，即以实质正义代替形式正义。《法国民法典》首次尝试对优先权概念进行定义，其 2095 条规定："优先权，是指依据债权性质，给予某一债权人优先于其他债权人，甚至先于抵押权人受偿的权利。"[②] 日本在继受《法国民法典》中的"Privileges"制度时，则直接称其为"先取特权"[③]，《日本民法典》第 303 条规定："先取特权人，依本法及其他法律的规定，就其债务人的财产，有优先于其他债权人受自己债权清偿的权利。"[④] 我国尚无系统完整的优先权制度，并且对优先权的范畴、性质存在诸多争议。关于优先权的概念和范畴，主要有广义说和狭义说两种观点。广义说认为优先权是指在民事关系中，一切相对于其他权利具有优先性的权利，包括优先承租权、优先购买权、优先申请权等。而采取狭义说的学者坚

[①] 参见陈本寒：《优先权的立法定位》，载《中国法学》2005 年第 4 期。
[②] 陈本寒：《优先权的立法定位》，载《中国法学》2005 年第 4 期。
[③] 参见［日］近江幸治：《担保物权》，祝娅等译，法律出版社 2000 年版，第 31 页。
[④] 陈本寒：《优先权的立法定位》，载《中国法学》2005 年第 4 期。

持《法国民法典》的观点,认为优先权仅指根据债权性质优先受偿的权利。① 本文不对优先权的范畴作出认定,仅在狭义说的范畴内去讨论劳动债权优先权的问题。根据法国、日本对优先权的定义,优先权包含了两项内容:一是针对的对象是"特种债权";二是债权法定优先受偿性。②

2. 劳动债权概念

劳动债权在我国没有统一的规定,学者对劳动债权内涵、外延的理解也不尽相同。王利明教授认为,所谓劳动债权,是指因为企业拖欠职工工资、劳动保险费、因企业破产解除劳动合同而应支付给职工的补偿金等所发生的职工请求企业给付一定金钱的权利。因此,劳动债权可以包括三个部分:一是因企业拖欠职工工资而产生的工资支付请求权;二是因企业拖欠职工的养老保险金、失业保险金、工伤保险金、医疗保险金等社会保险费用而产生的社会保险费用请求权;三是因企业破产解除劳动合同而应支付给职工的补偿金。③ 而我国《企业破产法》第48条规定,劳动债权是指职工的工资和医疗、伤残补助、抚恤费用,所欠的应当划入职工个人账户的基本养老保险、基本医疗保险费用,以及法律、行政法规规定应当支付给职工的补偿金等。④ 也有人认为,劳动债权是用人单位与劳动者建立劳动关系,劳动者付出劳动,由用人单位支付给劳动者的一切工资报酬和福利待遇以及其他的应该支付给劳动者的债权。⑤

从上述几种观点分析可知,劳动债权的特点有:(1)主体特定性。劳动债权的权利承受人和义务承担人都有特定性,劳动债权的权利承受人必须是劳动者,义务承担人是用人单位;(2)劳动债权的产生是建立

---

① 参见田土城、王康:《论民法典中统一优先权制度的构建》,载《河南师范大学学报(哲学社会科学版)》2016年第6期。狭义上的优先权是指特定债权人基于法律的直接规定而享有的就债务人的总财产或特定动产、不动产的价值优先受偿的权利。
② 参见韩怀清:《中国民法典应否设立优先权制度的思考》,载《私法研究》2003年第3卷。
③ 参见王利明:《关于劳动债权与担保物权的关系》,载《法学家》2005年第2期。
④ 本文采用的"劳动债权"的表述与《企业破产法》第48条的表述一致。
⑤ 参见翟玉娟:《破产程序中的劳动债权的界定及保障》,载《云南大学学报(法学版)》2006年第5期。

在劳动关系基础之上的；（3）劳动债权包括劳动者工资，养老保险金、失业保险金、工伤保险金、医疗保险金等社会保险费，补偿金，医疗、伤残补助、抚恤费用等。

不管何种观点，均认同劳动者基于劳动合同关系对于用人单位所享有的请求权是一种债权。① 故劳动债权具备"特种债权"属性和法定优先受偿性，可以通过优先权来保护。

（三）优先权的性质

对优先权的性质界定，我国学者也存在着分歧，主要以下三种观点。

1. 担保物权说

担保物权说认为，优先权是一项独立的民事权利，该说法以《法国民法典》和《日本民法典》为代表，《法国民法典》在第十八编第二章规定了优先权，与第三章的抵押权相并列，位于第十七编的质权之后；《日本民法典》称优先权为先取特权，规定在第二编物权编中作为第八章的内容，与留置权、质权、抵押权并列。王利明教授主编的《中国民法典草案建议稿及说明》的第四章"担保物权"中，将优先权与抵押权、质权、留置权并列为担保物权，其中包括工资优先权；郭明瑞教授认为，优先权为先取特权，是指由法律直接规定之特种债权的债权人所享有的，就债务人之一般或特定财产优先受偿的担保物权；② 申卫星教授认为，优先权与质权、抵押权、留置权同属于担保物权，都具有物权性、价值权性和担保性，同时，优先权为无须以占有或登记方式进行登记的物权，不以占有或登记为要件，只要符合法律规定的条件便当然成立。当然，优先权与其他担保物权的根本区别在于优先权是为担保特种债权而设定的，而其他担保物权是为了担保一般债权。③

---

① 参见邓峰：《劳动债权研究》，湖南大学 2017 年博士学位论文。
② 参见郭明瑞、仲相：《我国未来民法典中应当设立优先权制度》，载《中国法学》2004 年第 4 期。
③ 参见申卫星：《信心与思路：我国设立优先权制度的立法建议》，载《清华大学学报（哲学社会科学版）》2005 年第 2 期。

2. 特殊效力说

特殊效力说认为，优先权不是一项独立的民事权利，而是一种特殊的效力，用于保护特种债权，又依附于特种债权。

梅夏英教授认为，优先权制度是立法者直接对社会资源分配的干预，因而打破了债权平等原则，甚至有时击穿担保物权的效力，但归根结底，优先权体现的是某些债权特别的效力，而不是与物权或债权同日而语的权利。① 也有人认为，优先权是一项权能，是基于对特种债权的保护而产生的救济权能。无论对特殊效力的理解如何，其依然是基于债权本身的特殊性，由法律直接规定获得特别保护。

3. 清偿顺序说

清偿顺序说认为，优先权不是一项独立的权利，而是债权之间的清偿顺序。采取清偿顺序说的国家，大多将优先权规定在程序法中，以此来确定特种债权的清偿顺序。此类对特种债权的保护，是德国模式下各国常用的立法手段。其中典型的有：（1）为实现公共利益和共同利益而设之清偿顺序，如法院的诉讼费用和债务清理的管理人费用和共益债务等特种债权，于抵押债权之前优先受偿；（2）为实现公平和对经济弱者予以特别保护之目的而设之清偿顺序，如我国的《企业破产法》中职工工资等特种债权优先于普通债权清偿。

通过以上学说的分析可知，不管哪种学说都认为优先权是为了保护特种债权或基于特种债权本身的属性而设立的制度。

（四）劳动债权优先权较担保物权之顺位分析

劳动债权优先权与担保物权的顺位问题是国内外关于工资优先权争论最多也是最激烈的问题。例如，法国、日本为了加强物权公示的功能，除了共益费用优先权外，对需要以不动产优先受偿的一般优先权要求以登记手段获得对抗效力。一般优先权与抵押权竞存时的效力可分为三种

---

① 参见梅夏英、方春晖：《优先权制度的理论和立法问题》，载《法商研究》2004年第3期。

情形：一是两者皆已设立登记，依登记的先后顺序确定其受偿顺序；二是两者均未设立登记，一般优先权优先于抵押权；三是一种设立登记而另一种未登记的，则已设立登记的优先。① 又如，《德国破产法》规定，抵押财产不属于破产财产，工资债权由破产财产优先受偿，换言之，抵押债权优先于劳动债权受偿，并将劳动债权具体分为：绝对优先权，包括员工在破产申请日前最后几个月的未付工资、解雇费等；相对优先权，包括失业保险、退休金等。

在我国，关于劳动债权优先权和担保物权之间的顺位讨论由来已久，王利明教授在 2005 年从七个方面分析劳动债权先于担保物权清偿的不利影响，② 概括而言即劳动债权先于担保物权清偿会危害交易安全，从而引发一系列的金融秩序风险、损害企业自身利益、增加交易成本、加剧拖欠工资现象，不利于经济社会发展。但是，劳动债权是否先于担保物权受偿应根据我国经济发展和社会保障制度的完善与否来确定，且始终是朝着更加保障劳动者群体方向发展。理由如下：（1）从理论分析，生存权优先于发展权，劳动债权是劳动者维持基本生活和家庭生计的重要来源，关系着人们的基本生存权，最高人民法院在 2018 年 3 月发布的《全国法院破产审判工作会议纪要》第 27 条③明确了工资在内的劳动债权具有生存权的属性。普通债权及抵押债权等债权通常意义上理解为民事主体在经济活动中形成的债权，其具有发展权的属性。④ 生存是享有一切人权的基础，是处于首要地位的权利，生存权利的有效保障、生活质量的不断提高，是享有和发展其他人权的前提和基础；⑤（2）从法的价值分

---

① 参见刘芷伊：《优先权制度探析》，西南政法大学 2014 年硕士学位论文。
② 参见王利明：《关于劳动债权与担保物权的关系》，载《法学家》2005 年第 2 期。
③ 该条规定："企业破产与职工权益保护。破产程序中要依法妥善处理劳动关系，推动完善职工欠薪保障机制，依法保护职工生存权。由第三方垫付的职工债权，原则上按照垫付的职工债权性质进行清偿；由欠薪保障基金垫付的，应按照企业破产法第一百一十三条第一款第二项的顺序清偿。债务人欠缴的住房公积金，按照债务人拖欠的职工工资性质清偿。"
④ 参见肖少珍、李小莹：《工人工资债权是否优先于抵押债权受偿？》，载《法治论坛》2020 年第 1 期。
⑤ 参见仲音：《生存权和发展权是首要的基本人权》，载《人民日报》2022 年 7 月 6 日第 4 版。

析,集体利益大于个人利益,劳动债权体现的是集体的利益或者公众的利益,而抵押债权体现的是个人利益,在双方发生冲突的时候,个人利益也应该让位于集体利益或者公众利益;(3)从结果论分析,经济社会的发展始终是为群众服务,我国的国家性质也决定了要消除贫富差距,故始终是朝着更加保障劳动者群体的方向发展,落实到劳动债权而言,结果是劳动债权应当优先于抵押债权,但是时机需要具体把握。换言之,劳动债权是否先于担保物权受偿应根据我国经济发展和社会保障制度来确定。目前,我国的金融体系已经形成了扎根深、体系大、权责清、发展稳的态势,但是劳动者合法权益保护工作尚不充分,未得到相适应的发展。笔者认为,确定劳动债权优先于担保物权的时机已经成熟,且可通过限制劳动债权的数额、形成时间、实现规则、建立公示催告制度等措施尽可能地消除不利影响。

(五)劳动债权优先的现实选择

在《民法典》未系统规定优先权的情况下,借域外经验,在强制执行法等程序法里就特种债权加以保护,是目前的现实选择。《民事强制执行法(草案)》第179条第1款正是目前法律、社会背景下的产物,其规定的执行款清偿顺位如下:(1)执行费用和共益债务;(2)维持债权人基本生活、医疗所必需的工资、劳动报酬、医疗费用等执行债权;(3)对执行标的享有优先受偿权的债权;(4)其他民事债权。该规定是对执行劳动债权等特种债权优先清偿作出的有益尝试。

三、我国劳动债权优先权的路径探讨

完善我国优先权制度,并将劳动债权纳入优先权的范围,才应是立法的方向,不仅有利于更为合理地解释劳动债权优先受偿的理论基础,也有利于强化对劳动债权的保护,以满足社会发展需求。但是,在保护的同时亦要对劳动债权的保护予以合理限制,避免无限扩张。

(一) 完善我国优先权模式

优先权被学界认为是"难以开垦的法律领地",以至于我国尚未形成系统的优先权制度,按照目前法律的体例及方向,我国的优先权模式(狭义上的优先权)[①] 应是:以担保物权、特别法或司法解释对特种债权优先权的规定及程序法上的禁止扣押或扣押保护为框架,通过程序法清偿顺位来协调,靠前顺位优先受偿、相同顺位按比例受偿的模式。

笔者根据日本民法的体例对我国现有的优先债权进行分类,并与担保物权进行顺位比较,见表1。

表1 优先权分类比较

与担保物权比较	一般优先权	动产优先权	不动产优先权
优先于担保物权	执行费用优先权(《最高人民法院关于适用〈中华人民共和国民事诉讼法〉的解释》第508条)	民用航空器优先权(《民用航空法》第18条、第19条、第22条)	建设工程价款优先权(《民法典》第807条)
	税收优先权(《税收征收管理法》第45条,税款发生在纳税人以其财产设定抵押、质押或者纳税人的财产被留置之前)	船舶优先权(《海商法》第21条、第22条)	土地出让金优先权(《最高人民法院关于适用〈中华人民共和国民法典〉有关担保制度的解释》第50条)
	破产费用和共益债务优先权(《企业破产法》第43条、第113条)		消费者购房款(《最高人民法院关于商品房消费者权利保护问题的批复》)

---

① 参见田土城、王康:《论民法典中统一优先权制度的构建》,载《河南师范大学学报(哲学社会科学版)》2016年第6期。狭义上的优先权是指特定债权人基于法律的直接规定而享有的就债务人的总财产或特定动产、不动产的价值优先受偿的权利。

续表

与担保物权比较	一般优先权	动产优先权	不动产优先权
优先于担保物权	被执行人及其扶养家属基本生活保障费用优先权（《民事诉讼法》第254条、第255条）	基于保留所有权而产生的剩余价款或垫付款优先权（《最高人民法院关于人民法院民事执行中查封、扣押、冻结财产的规定》第16条、第17条）	
	应退受教育者学杂费及应发教职工工资、社保优先权（《民办教育促进法》第59条）		
劣后于担保物权	职工工资、社保、医疗等费用优先权（《企业破产法》第109条、第113条）		
	税收优先权（《税收征收管理法》第45条，税款发生在纳税人以其财产设定抵押、质押或者纳税人的财产被留置之后）		

从表1看出，我国法律没有系统地对上述权利进行分类和顺位排序，个别优先权是根据社会发展过程中矛盾凸显而临时采取法律解释的方法确定其优先权地位和受偿顺位，予以特别保护，例如：未将劳动债权列为一般优先权（根据法律规定目前仅在破产程序中有优先受偿），与社会发展不相适应；个别优先权的受偿顺位在不同法律里存在冲突，如税款和担保物权的冲突。

1. 完善特别法对特种债权优先权的规定

王利明教授主编的《中国物权法草案建议稿及说明》中指出"在实体法上规定有优先权，更易明确优先权的担保性质，并且规定优先权以其法定性与抵押权、质权等相区分，更有利于担保物权体系的逻辑性"[1]。从这个角度也说明了实体法对特种债权优先权的规定比在程序法中通过清偿顺位确定优先顺位更加有力。例如，《劳动法》未规定劳动债权优先

---

[1] 王利明：《中国物权法草案建议稿及说明》，中国法制出版社2001年版，第134页。

权的内容，以至于在执行程序中将劳动债权视同普通债权参与分配。从这个角度看，应修改《劳动法》，增加劳动债权优先权的内容。

2. 解决特种债权清偿顺位冲突的问题

笔者认为，法律冲突实际上是各部门法律出台时对某个问题理解不一致导致的，其中考虑的因素很多，主要有社会发展和行政管理的需要，但是尽管有充分的理由，冲突毕竟存在。例如，《企业破产法》第109条、第113条规定，享有担保权的债权优先于税款，而《税收征收管理法》第45条规定，纳税人欠缴的税款发生在纳税人以其财产设定抵押、质押或者纳税人的财产被留置之前的，税收应当优先于抵押权、质权、留置权执行。两者虽然在不同的领域但是债权的性质依然没有发生变化，一边是担保物权，一边是税收债权，不管是从交易安全角度，还是从税收征管的强制执行力角度，抑或从"国不与民争利"理念考虑，担保物权应优先于税收优先权。

3. 厘清程序法中各优先权的清偿顺位

《民事强制执行法（草案）》未能厘清各优先权的顺位，仅就一般优先权中的执行、破产费用、共益债权、生存性债权确认优先级，若涉及其他优先权或者担保物权之间的顺位关系，就无法得到解决。笔者结合自身实践经验和对优先权的认识分析对各优先债权进行分类整理：（1）执行费用包括诉讼费、执行费及处置财产产生的费用，如评估鉴定费、保管费、拍卖辅助费、转移登记过程中应承担的税费等，财产处置费用类似于破产程序中的共益债权，基于法律规定和现实需要优先受偿，但根据公平原则执行费应按照执行到位率同比例受偿；（2）破产费用和共益债务，由债务人财产随时清偿，此类费用优先支出，保证执行、破产程序的顺利进行，符合全体参与分配的债权人的共同利益；（3）基于保留所有权而产生的剩余价款或垫付款，该款项类似共益，符合全体债权人的利益，例如，被执行人已支付大部分房款并实际占有使用房产但因购房尾款未结清而尚未转移登记至其名下，现由申请执行人先行垫付该笔剩余房款，交易完成后由法院对该房产进行处置，该笔垫付款应同共益债务优先受偿；（4）被执行人及其扶养家属基本生活保障费用，属于生存性质的费用；（5）消费者购房款，该款项的优先级是在社会发展特定时期基于行政和维稳需要的产物，该款项是消费者的刚性支出，而非投资型支出；（6）应退受教育者学杂费及应发教职工工资、社保，对其应分类看待，其中涉及受教育者刚性的消费和教职工的劳动债权，对于受教育者刚性的消费应比照消费者购房款的性质及受偿顺位；（7）建设工程价款，其主要由农民工工资和材料款组成，对其应分类看待，农民工工资属于生存性质债权，建设工程价款中的材料款基于法律规定优先于抵押债权；（8）土地出让金，划拨取得的国有建设用地的流转，需要通过行政审批，并缴纳相应的土地出让金，故缴纳土地出让金是划拨土地流转的前提，要实现抵押权必须进行流转，从这个角度出发，土地出让金亦是优先于抵押债权的；（9）民用航空器优先权，主要包括救援报酬和保管维护费用，类似共益债务；（10）船舶优先权，其中涉及劳动债权、人身损害赔偿、海难救助款、船舶吨税等税费、侵权赔偿款，对其应分类看待，但海商法的特殊规定有其特殊意义，被世界各国普遍认可和采纳，其明确规定了受偿顺位的，应予以遵循；（11）税收是国家机器运行的主要收入来源，纳税是每个公民的义务，税收债权优先于普通债权是应有之义；（12）劳动债权，本文已经深入分析，这里不再赘述。根据现行法律规定及对各优先债权的分析，下文对债权进行分类排序，以便优化对各类债权的保护，形成规范和引导，见表2。

表2 优先权分类排序

清偿顺位	债权类型	一般优先权	动产优先权	不动产优先权
1	执行费用	诉讼费、执行费、破产费用和共益债权	民用航空器优先权；基于保留所有权而产生的剩余价款或垫付款	基于保留所有权而产生的剩余价款或垫付款优先权
2	刚性消费债权	应退受教育者学杂费		消费者购房款

续表

清偿顺位	债权类型	一般优先权	动产优先权	不动产优先权
3	生存类债权	被执行人及其扶养家属基本生活保障费用；劳动债权（包括职工和教职工等主体）；医疗损害赔偿等人身性质债权	船舶优先权中的劳动债权、人身损害赔偿，海难救助款	建设工程价款中的农民工工资部分
4	对特殊标的优先债权		船舶优先权中的船舶吨税等国家税费，侵权赔偿款	建设工程价款中的材料款等部分，土地出让金
5	担保物权	按照担保物权的规定执行		
6	税费	税收		

（二）限制劳动债权优先范围

劳动债权优先的范围应有一个限度，不能无限扩大，否则将背离劳动债权优先的初衷和意义，亦不利于担保物权保障交易安全、维护金融稳定的要求。部分国家和地区在破产程序中对优先受偿的劳动债权数额和发生期间作了限制[1]，见表3。

表3　各国对期限和数额限制参考

国家和地区	期限限制（破产申请前多长时间的工资债权可以得到优先清偿）	数额限制（多少限额内的工资债权可以得到优先清偿）
美国	180日	11725美元
英国	4个月	800英镑（约1319美元）
日本	3个月	无
法国	6个月	无

---

[1] 参见张钦昱：《破产优先权之限制理论研究》，法律出版社2016年版，第187、188页。

此类做法有其先进性和政策选择的背景，结合实际情况，笔者认为，应从三方面对劳动债权进行限制。

1. 在数额上进行限制

鉴于劳动债权没有明确的范围，在保护劳动债权的同时，应该对其数额进行限制，否则若个别劳动债权数额特别巨大，亦对其进行保护反而显失公平。《最高人民法院关于人民法院办理执行异议和复议案件若干问题的规定》第20条规定，按照当地廉租住房保障面积标准为被执行人及所扶养家属提供居住房屋，或者参照当地房屋租赁市场平均租金标准从被执行人的房屋变价款中扣除5年至8年的租金。结合劳动债权的生存性质及劳动者的实际情况，兼顾担保物权保障交易安全的考虑，建议对劳动债权优先权的数额限制在当年当地该行业平均工资水平以下，对超出部分按照普通债权参与分配，该数额每年由地方政府统计局公布，从这个方面来看，也具有一定的公示性。

2. 在时间上进行限制

俗话说"法律不保护躺在权利上睡觉的人"，对劳动债权的时间进行限制是为了敦促劳动者行使自身的权利，及时要回工资；若长时间不主张权利讨要工资，也说明该笔工资尚未达到紧迫的程度，与生存性质不符。事实上，多数国家在设定劳动债权优先权的同时，也对劳动债权的时间加以限制。我国法学界对此亦有所考虑，王利明教授主编的《中国民法典草案建议稿及说明》第1116条中将工资债权限定为最近1年内的职工工资。由于各国的国情不同，结合我国的实际，笔者认为，将劳动债权优先的时间限定在劳动债权确认时之前6个月为宜，超出该段时间产生的劳动债权列为普通债权参与分配。从数额及时间上限制后，可直接确定职工劳动债权优先权的最高数额。

3. 在实现规则上进行限制

劳动债权作为一般优先权，其优先的财产范围为债务人全部财产，而担保物权实现的财产为特定的担保财产，在两者竞合的情况下，若无条件地从担保物权实现后的款项中支取款项偿还劳动债权，虽然劳动债权优先权实现了,但担保债权无法覆盖的部分,因失去担保物而沦为普通债权,与其他普通债权一起就债务人其他未设定担保物权的财产参与分配,不利于担保物权保障交易安全。对此,日本规定,工资优先权人应先就债务人的不动产以外的财产受清偿,不足部分以债务人未设定特别担保的财产受清偿。依前述程序清偿后仍不能满足的,可就债务人的有担保的财产受清偿。日本的这种规定可以使因工资债权优先于有物权担保的债权而给后者造成的风险降到最低,值得借鉴。以此延伸,若多个抵押债权及劳动债权竞存的情况下,劳动债权能否就任一抵押物的变现款优先清偿,亦值得思考。若能够随意选择清偿,将易滋生腐败,亦不利于交易安全和社会稳定。笔者认为,应根据发生抵押登记的时间及劳动债权产生的时间来确定清偿的顺序规则。举例说明:同时存在抵押债权 A、抵押债权 B、劳动债权 C 的情况下,就债务人的财产抵押物 A′、B′和未设定担保财产 X,劳动债权 C 的实现顺序如下(因劳动债权为持续性的债权应为一段区间,而 A、B 为时间节点,C 表示发生在以 A、B 为节点形成的三个时间区间内的劳动债权),见表4。

表4 清偿顺序规则

情形(→表示前者比后者早发生)	实现顺序(→表示前者比后者先行用于偿还)
A→B→C	X→A、B 按比例偿还剩余劳动债权
A→C→B	X→B→A
C→A→B	X→A、B 按比例偿还剩余劳动债权

(三) 完善相关公示制度

关于劳动债权先于担保物权清偿的不利影响,笔者认为,归根结底是劳动债权缺乏公示制度。劳动债权的公示尤为困难,从理论上讲,年满18周岁未满60周岁的人均可以成为劳动者,数量庞大,且劳动关系实时发生变化,若要公示,是一项浩瀚工程,需要投入大量的人力物力,且不一定能够收到实在的效果,显然得不偿失。既要保证担保物权保障交易安全,又要实现劳动债权在不公示的情况下优先清偿。笔者建议,可以尝试建立非以登记作为优先清偿要件的劳动债权公示催告制度。在强化劳动者维权意识的同时,劳动监察部门及时介入登记协调,由劳动监察部门及时将未及时发放工资的企业列入工资发放异常名录,向市场监督管理部门定期推送,在企业工商登记信息中予以公示,以便交易双方在交易之前能够及时关注到对方的企业经营状况,从而推动交易或者停止交易。这种做法一方面是对市场交易主体的尊重,使其能够谨慎交易,银行等金融主体亦能够提前审查,审慎放贷(笔者始终认为,对于个体的审慎,是避免引起系统性、链条性金融风险的必要手段);催告能够发挥本身的作用,使得登记催告的劳动债权获得提前清偿,从长远上看符合企业利益。

(四)完善欠薪保障制度

笔者认为,可以建立统一的、覆盖全面的欠薪保障制度,化解现今未能系统建立劳动债权优先权制度背景下被欠薪者应急、窘迫的困境,或者作为劳动债权优先权制度的补位。例如,我国香港地区1985年4月19日实施了《破产欠薪保障条例》,根据该条例建立破产欠薪保障基金,并成立破产欠薪保障基金委员会,同时授权劳工处处长在雇主无力清偿债务时按照规定的程序和条件从基金发放特惠款项给雇员,拨付后该委员会代位追回已垫付款项。又如,深圳市1996年10月29日通过的《深圳经济特区欠薪保障条例》,率先在我国境内建立了欠薪保障基金制度;上海市从1999年起建立欠薪保障制度,至2007年出台《上海市企业欠薪保障金筹集和垫付的若干规定》将保障范围由原来的小企业扩大到除了实行工资保证金制度的建筑施工企业之外的所有企业。[①]

借鉴经济行业风险对冲思维和各地欠薪保障实施的情况,建立全国性的欠薪保障制度需要解决以下四方面的问题:(1)欠薪保障资金来源。

---

① 参见周贤日:《我国深圳市和上海市欠薪保障基金制度比较研究》,载《中国政法大学学报》2011年第1期。

可采取企业缴纳社保"五险一金"的方式将欠薪保险纳入其中,按月工资的一定比例(如万分之五)缴纳且设置最高额,并将垫付薪资后的追偿所得、地方政府用于化解劳资纠纷的信访维稳经费。资金投资经营、利息所得及其他来源等纳入,做大资金池,每年由社保部门将欠薪保障资金的收入支出进行公示,在第二年调整缴纳的比例以维持资金的数额稳定。(2)保障对象的范围。可通过5年的时间逐步将用工主体的范围从事业单位、国有企业、建筑行业企业等扩大至除机关单位以外的全体用工单位,由被欠薪者及工会等相关协调组织向社保部门申请。(3)明确垫付的条件。归根结底是劳动者被欠薪,该事实的外观目前来看有企业进入破产、解散、清算被注销,且欠薪事实已经企业、清算组织等确认,或者企业因经营者隐匿、出走等原因已停止经营,欠薪被劳动监察部门查实,上述条件下可提出垫付薪资申请。(4)明确垫付的标准。欠薪保障实行社会共济、应急帮助和有限垫付的原则,从欠薪保障资金的来源看,对已缴纳欠薪保险的用工单位,可垫付最高6个月的当年当地该行业平均工资水平的数额,对未缴纳欠薪保险的用工单位,可垫付最高6个月的当年当地职工月最低工资标准。

四、结语

劳动债权优先清偿体现了公正和效率,是社会治理能力现代化的有力抓手。保护劳动债权优先的方式很多,担保物权说、特殊效力说、清偿顺序说等均具有其各自的特点和合理性。根据现实情况,探索建立具有中国特色的保护劳动债权之路——在《民事强制执行法》等程序法中明确清偿顺序的方式,已初见眉目,形成系统的优先权制度在保护特种债权方面更具先进性和科学性。本文建议,应该逐步建立更加完善的优先权体系,同时完善相关的规定,从时间、数额、规则上限制劳动债权优先的范围,完善公示制度和欠薪保障制度,保护劳动债权。

保全复议程序的适用困境与理论纾解

杜 康[*]

摘要：保全复议程序具有平衡双方当事人权益的重要功能，是财产保全案件中当事人与利害关系人最主要的防御手段。但是因规定略显零散、时间跨度较长，保全复议程序存在因自身程序有待完善而引发的审查流于形式、标准各行其是等个性问题与因财产保全体系内各项程序孤立运转产生的程序交叉适用等共性问题。有鉴于此，本文以两类问题的成因为起点，对保全复议的理论基础进行修正，厘清程序优化的制度逻辑。在此基础上，本文将立足两类问题的特点对保全复议进行程序设计：一方面，从宏观层面畅通保全复议程序与其他救济程序的衔接路径，以解决前述共性问题；另一方面，从明确审查内容、审查主体与审查形式的微观维度对保全复议程序进行规范，以实现其自我完善。

引言

财产保全的功能在于减少执行不能的风险，具有倾向于保护申请保全人的特点，因此需要《民事诉讼法》第111条规定的保全复议程序在内的保全救济机制以实现利益均衡的缓冲。由于现行规范较为零散、时间跨度较长，保全复议程序存在审查虚置、功能重合与标准不一等问题，

---

[*] 北京市第二中级人民法院四级法官助理。

与其他保全救济方式的联系亦受阻碍，始终处于低位运行状态。然而当前针对财产保全的探讨多集中于为保全实施提质增效，保全救济层面的研究略显滞后。有鉴于此，本文将检视保全复议程序失范引发的矛盾，讨论因该项救济程序与其他救济程序衔接不当造成的问题，最终提供操作性强、规范性高的解释路径，以完善保全复议程序规范，及时回应人民群众的期待，实现公正与效率的统一。

一、保全复议运转受阻之现状体现[①]

保全复议，是指当事人或利害关系人对保全裁定不服时，有权向法院提出复议的救济程序。因保全裁定是在对申请保全人单方面提交材料书面形式审查的情况下所作出的推断性裁判，难免存在错误，《民事诉讼法》及相关法律规范便设立保全复议程序以保障利益均衡。由于该程序具有申请时效的短暂性、申请主体的多元性与权利保护的根本性，因此在财产保全救济体系中格外重要。但是，从理论与实践来看，该程序并未充分发挥预设作用。

（一）个性问题：保全复议程序自身亟待完善

本文从制度设计与司法适用角度对保全复议程序进行观察，发现该程序在对被申请人、利害关系人或案外人（以下简称案件相关人）的保护上呈现弱化状态。本文以中国裁判文书网为样本库选取分析对象，通过人工阅读的方式，剔除不符合本文研究对象的文书后，筛选保全复议类裁判文书150份，辅助说明前述问题。[②]

1. 程序保障存在制度缺位

其一，我国现行规范中保全复议的审查形式付之阙如。尽管最高人民法院建议以双方当事人对席审查的方式对被保全人提出的复议进行审

[①] 本文讨论的包括保全复议在内的保全救济程序，均针对财产保全，不针对行为保全。
[②] 参见中国裁判文书网，网址：https://wenshu.court.gov.cn/，最后检索日期：2024年10月28日。

查，以充分保障其知情权与参与权，① 但是囿于不断增长的办案压力，实务中法院多依据复议申请人提交的复议材料进行书面审查，鲜有案件以双方当事人开展言辞辩论的方式进行。其二，《最高人民法院关于适用〈中华人民共和国民事诉讼法〉的解释》（以下简称《民事诉讼法解释》）中仅规定由作出原裁定的法院进行复议审查，并未对审查主体进行限制，实践中为提高审查效率，常发生保全审查与复议审查主体的混同。部分法院先入为主，不收取复议申请人提交的材料或收取材料后不处理；部分法院未遵守《最高人民法院关于人民法院办理财产保全案件若干问题的规定》（以下简称《财产保全规定》）第25条之要求，不出具复议裁定。

2. 复议审查违背预设功能

根据《民事诉讼法》第111条、《民事诉讼法解释》第172条的规定，保全复议的提出条件为当事人或利害关系人对保全裁定不服。依照目的解释，由于保全复议直接指向保全裁定，意义在于维持、撤销或变更保全裁定，② 因此，复议申请人的申请理由应为保全裁定不当（包括自始不当与嗣后不当）。③ 对非因该项理由提出保全复议的，法院应予驳回。但样本显示，复议申请人并非按此预期申请复议，法院在审查时亦可能超出审查范围（见表1）。具体而言，"超标的保全""不具有管辖权"与"非适格当事人"等三类理由与保全裁定适法性尚有关联，但"影响申请人生产生活"与"实体争议"两类理由则相反。实践中，仍有部分法院为保证保全裁定与案件实体审查结果一致，避免国家赔偿，就申请人主张的实体争议开展实质审查。如此，既与财产保全程序追求效率的价值观念相悖，又违反了保全复议的预设功能。④

---

① 参见最高人民法院民法典贯彻实施领导小组办公室编著：《最高人民法院新民事诉讼法司法解释理解与适用》，人民法院出版社2022年版，第407页。

② 参见曹凤国：《最高人民法院关于人民法院办理财产保全案件若干问题的规定理解与适用》，法律出版社2020年版，第276页。

③ 参见周翠：《中外临时救济制度比较研究》，清华大学出版社2014年版，第37页。

④ 参见刘哲玮：《论财产保全制度的结构矛盾与消解途径》，载《法治论坛》2015年第5期。

表 1 保全复议申请情况

申请复议理由类型		案件数量（件）	驳回比例
实体争议	申请人的诉讼请求没有事实与理由予以支持	24	100%
	合同无效或可撤销	11	90.90%
	保全申请人恶意歪曲事实，恶意保全	6	100%
	被申请人已经履行债务	5	80%
	保全申请人存在违约行为	5	100%
	合同效果不应由公司承受	2	100%
	重复起诉	2	66.70%
	被申请人可能成为保全申请人的债务人	2	100%
保全不具有必要性	不存在转移涉案财产的现实紧迫性	25	88%
	被申请人经营状况良好，注册资金充足	5	100%
	涉诉情况众多并不必然需要保全	6	83.3%
	交强险与商业险额度大于申请额度	3	0%
超标的保全	保全财产价值大于保全裁定标的额	12	83.33%
	裁定规定的金额超过合同标的	3	100%
影响申请人生产生活	账户被冻结影响公司正常资金运转	12	100%
	账户被冻结影响向员工发放工资	5	100%
非适格当事人	被申请人与保全申请人无任何法律上关系	16	86.70%
不具有管辖权	不符合仲裁保全管辖条件	6	75%
	不应由作出保全裁定的法院审理	5	80%
其他	错误冻结账户	4	50%
	被保全财产不易变现，要求更换保全标的物	3	66.70%
	需要等待他案处理结果	1	100%
	不符合保全条件（未具体说明原因）	12	100%

样本中，在指向保全裁定不当的各项申请理由中，"保全不具有必要性"类理由因足以直接推翻保全裁定而占比最大。此类案件共有39件，其中就保全是否具有必要性展开详细论证的仅有14件。在未对保全必要

性展开说理的案件中,法院常以"复议被申请人提出保全申请,且已经提供足额担保,故其财产保全申请符合法律规定"的论证代替说理。① 甚至有法院认为,作出财产保全并不需要被保全人隐匿、转移财产的客观事实已经现实发生,因此未对必要性进行说明。② 在最高人民法院不断加强和规范释法说理的前提下,倘若复议裁定仍以缺少充分表述的简要交代阐明结论,就难以实现裁判定分止争之目的,不仅易侵犯案件相关人的合法权益,③ 也影响司法权威。在开展论证的案件中,对保全必要性审查的标准也不尽一致。以涉诉情况较多为例,不同法院的认知就出现了较明显的分歧。

(二)共性问题:保全复议程序受财产保全体系脱节掣肘

在筛选案例的过程中,部分被申请人在保全复议的过程中申请解除保全,部分被申请人以保全行为不当为由提起复议申请,但法院均对此进行审查。④ 由此衍生的问题在于,保全复议程序审查保全裁定适法性的制度目的因交叉适用而无法达成,且易造成救济权利滥用。不仅如此,保全复议程序与其他保全救济程序在适用上的混同,折射出财产保全救济制度缺乏体系性的本质。因此,有必要一并审视其他财产保全救济程序在理论架构与司法适用层面的问题,以财产保全救济的体系化再造实现对保全复议程序的规范完善。

1. 解除保全的功能定位与适用程序尚不清晰

解除保全,是指《民事诉讼法》第 107 条、《民事诉讼法解释》第 166 条及《财产保全规定》第 22 条、第 23 条所规定的,被申请人或申请

---

① 参见陕西省西安市中级人民法院(2021)陕 01 财保 23 号之一民事裁定书、河南省宜阳县人民法院(2020)豫 0327 财保 71 号之一民事裁定书、福建省长汀县人民法院(2020)闽 082 财保 23 号之一民事裁定书。
② 参见北京市房山区人民法院(2020)京 0111 财保 273 号之一民事裁定书。
③ 参见袁发强、黎喆:《海事请求保全错误救济制度研究》,载《河北法学》2021 年第 6 期。
④ 前者参见北京市昌平区人民法院(2022)京 0114 财保 469 号之一民事裁定书、河北省大名县人民法院(2021)冀 0425 财保 74 号之一民事裁定书;后者参见广东省江门市蓬江区人民法院(2022)粤 0703 财保 90—1 号民事裁定书。

人在一定条件下可向法院申请解除保全措施的程序，目的在于防止被申请人在裁定作出而情势变化后仍因保全措施受到无谓损害。实践显示，该程序与保全复议和执行异议程序存在功能与适用上的重叠。

根据《民事诉讼法解释》第166条，在保全错误的情况下，法院应当作出解除保全裁定。其法理基础有待商榷。依照最高人民法院的立场，保全错误指"违反法律规定所采取的保全"，包括法院不应当作出保全或作出保全的原因嗣后不存在。依此文义解释，违反强制性规范的裁定即属于解除保全的法定事由，解除保全因此兼具了保全复议审查保全裁定适法性的功能。① 若依据限缩解释，将保全错误解释为法院采取法律规定以外的方法进行保全，又属将执行行为不当纳入解除保全的审查范围中，引发了解除保全与执行行为异议的交叉。笔者在中国裁判文书网中检索得到150份解除保全类裁判文书，发现有28.67%的案件存在前文所述程序适用上的重叠。② 这反映出在厘清解除保全程序的功能之前，财产保全救济体系的不同程序之间仍有叠床架屋之虞。

2. 执行异议与其他程序衔接的协调性有待加强

本文所称执行异议程序，包括执行行为异议与案外人异议（含执行异议之诉）。与保全复议和解除保全不同的是，执行异议移植于强制执行程序，非财产保全制度所独有。依托数量众多的执行案件，执行异议程序的运转已相对完善，但作为"嫁接"产物仍然存在"水土不服"的问题。

有观点认为，保全复议与案外人异议两项程序有重复用功、有双重救济之嫌。③ 正因如此，即使《财产保全规定》明确规定案外人是执行异

---

① 参见刘君博：《财产保全救济程序的解释与重构》，载《清华法学》2018年第5期。
② 参见中国裁判文书网，网址：https://wenshu.court.gov.cn/，最后检索日期：2024年10月28日。
③ 参见田桂瑶、彭立峰：《诉前财产保全案件案外人权利救济途径的研究——评（2020）最高法民申123号民事裁定》，载《法律适用》2020年第16期。

议之诉的适格主体，但实践中依然存在反对观点。① 理论之外，执行异议程序亦存在司法适用上的困难，即当事人或案外人在提起执行异议时可能会一并提出其他诉求，导致执行异议程序实质上发挥了保全复议或解除保全的功能。如此虽有利于一次性解决纠纷，却造成了异议审查范围的扩张，亦有违反程序规范之风险，因此各地法院的态度截然相反。②

二、保全复议困境纾解之理论重构

综上所述，保全复议程序面临的适用困境，既体现为审查流于形式、审查标准不一等因自身程序有待完善引发的个性问题，也体现为承载解除保全诉求、被执行异议所容纳等因保全救济缺少体系化梳理产生的共性问题。本部分将针对两类问题的成因提出解决对策，最终实现理论层面的"转向"，为保全复议程序的规范完善提供理论基础。

（一）保全复议适用困境之成因分析

本文认为，保全复议程序面临的各项问题，原因主要在于以下三点。

其一，学界存在如是观点：财产保全只是对财产的短期查控，与实体结果无涉，不决定财产归属，当事人仅受到实体处分、转让等层面的限制，其他并无影响。③ 受此影响，财产保全中间性、程序性的特点被不断放大，对案件相关人的保障却未能同步，以致财产保全制度体现出较为浓厚的权利保护色彩与确保判决执行的立法意愿。④ 既然财产保全在民

---

① 如《江西省高级人民法院关于执行异议之诉案件的审查指南》第9条规定，案外人对人民法院作出的保全裁定不服的，应当依照《民事诉讼法解释》第172条的规定向作出保全裁定的人民法院申请复议。案外人提起执行异议之诉的，应当不予受理；已经受理的，裁定驳回起诉。

② 部分法院认为执行异议审查范围不包括解除保全申请，部分法院则认为可以在执行异议审查时审查解除保全申请。前者参见北京市第三中级人民法院（2021）京03执复129号执行裁定书、四川省高级人民法院（2019）川执复92号执行裁定书；后者参见河北省高级人民法院（2018）冀执复413号执行裁定书、甘肃省高级人民法院（2016）甘执复35号执行裁定书。

③ 参见田桂瑶、彭立峰：《诉前财产保全案件案外人权利救济途径的研究——评（2020）最高法民申123号民事裁定》，载《法律适用》2020年第16期。

④ 参见王健：《动产保全案外第三人权利保护制度的反思与完善》，载《法学论坛》2013年第12期。

事诉讼的宏大叙事中被显著低估，作为附属程序的保全复议在制度设计上也自然难称周密，对案件相关人的保护亦亟待加强。

其二，财产保全案件数量大幅增长，各级法院办案压力激增。20世纪80年代开始，最高人民法院即认识到财产保全对于破解执行难问题的重要意义，并在部署基本解决执行难工作时予以重申。① 数据显示，2024年上半年全国法院办理保全案件193.6万件，同比增长23.67%。② 因此，理论与实务目光多转为财产保全案件办理提速增效，即便是先采取保全措施、再送达保全裁定的做法也未被实质性否决。③ 实践中，部分法院为提高案件办理效率，形式化审查复议申请，扩张保全复议审查范围，加剧了保全复议的适用困难。

其三，财产保全救济是以逐次完善的方式形成最终构建的，缺少体系化梳理。不同救济程序分布在多部法律与司法解释中，完善程度不尽相同，导致各项救济程序的目的并未得到厘清，甚至出现地方法院指导性意见与司法解释意旨冲突之情形。同时，部分法院在解释与应用保全复议的过程中忽视了法律体系内不同规范间的关联，存在应当以提出复议方式申请置换保全财产的认识。

（二）保全复议程序优化之逻辑纠偏

1. 正确认识财产保全对案件相关人权益之影响

事实上，财产保全在部分案件中已成为当事人打压、威慑竞争对手或迫使债务人履行义务的诉讼手段，显露出滥用之苗头，也引起了最高人民法院的高度重视。由于盲目采取保全措施将影响因资金短缺但仍处于正常经营状态、有发展前景的民事主体的资金流动与资信状况，因此

---

① 参见《最高人民法院关于落实"用两到三年时间基本解决执行难问题"的工作纲要》。

② 《最高人民法院公布2024年上半年司法审判工作主要数据》，参见"最高人民法院"微信公众号，网址 https://mp.weixin.qq.com/s/m-mLd_ngvZ5AXjl_Eg7o5A，最后访问时间：2024年8月31日。

③ 参见（2014）执复字第25号民事裁定书。最高人民法院认为，此种做法仅属于程序性瑕疵，不影响保全效力。

慎用财产保全措施曾成为特殊时期最高人民法院与各地法院的共识。① 本文认为,将时期与主体推而广之,财产保全的利益影响依然存在。尽管只有在申请保全人胜诉、案件进入执行程序后,法院才会对保全的财产启动强制执行措施,但案件相关人的财产可能因保全产生自然损耗,自身经营也可能因为动辄数月的诉讼程序受到波及。此外,各地法院认定申请保全人申请错误所需损害赔偿的范围并不一致,且难以认定申请人主观上具有可责性,担保兜底难以实现对案件相关人损失的全面覆盖。② 由此可知,财产保全对案件相关人并非像预想中那样影响轻微,反而可能对其生产生活产生实质性影响。保全复议程序作为案件相关人最为重要的防御手段,有利于促使各级法院保持财产保全认定过程中的谦抑性。质言之,保全复议程序的复审机制应当充分发挥对财产保全后端再审核的作用,避免法院将财产保全的风险转嫁至案件相关人。

2. 正确处理保全复议案件公正与效率之关系

最高人民法院院长张军指出,效率服务于公正,快必须以好为基础。只有程序合乎规范,才能实质性解决问题。在案件数量大幅增长、不断为保全实施按下"加速键"的背景下,对于承担着避免双方当事人利益失衡,保障实体公正、维护程序公正重要功能的保全复议程序,各级法院既不能无视程序空转之现状,也不能以"提效率"为由自行合并审查多项救济诉求,而应加强对案件相关人的权益保障,优化与其他救济程序的适用衔接。当然,公正并不意味着容忍案件相关人滥用救济权利,而是指平等保护双方权利。各级法院既应防范财产保全因非对审性与紧急性的程序设定引发的偏离公正之风险,也要合理把握保护尺度、防止

---

① 2008年,最高人民法院印发《关于为维护国家金融安全和经济全面协调可持续发展提供司法保障和法律服务的若干意见》,要求对暂时有困难的优质企业要慎用保全措施。2020年,最高人民法院印发《关于依法妥善审查涉新冠肺炎疫情民事案件若干问题的指导意见(一)》,要求灵活采取保全措施。同期各地法院相继出台指导性意见,要求慎用财产保全。

② 有法院认为,损害赔偿的范围仅包括直接损失,不包括间接损失。有法院认为,考虑到申请保全人主观过错的程度,应当对损害赔偿的数额酌减。前者参见云南省高级人民法院(2019)云民初122号民事判决书;后者参见陕西省西安市中级人民法院(2017)陕01民初154号民事判决书。

保全救济迟延案件办理。

3. 正确认识保全复议与其他救济之差异

解释认为，"对任何规范的解释也必须相应地考虑相关规范体的意义脉络关联、上下文背景以及该规范的体系位置，还有就是该规范在相关规范体的整体脉络功能"①。对保全复议程序的解释完善，应当回归财产保全救济体系，着眼于民事诉讼规范大局，厘清各项救济的规范目的与适用程序，否则即使能够通过保全复议程序的自我修正解决个性问题，也无法避免保全复议与其他救济功能混淆、程序混用等问题的出现。

财产保全救济体系中的各项救济程序功能并不相同（见表2）。其一，保全复议指向保全裁定，具有"纠错"功能，是财产保全救济体系中最直接有效的救济途径。复议申请人提出保全复议，目的在于使法院重新审查保全裁定的正确性，以期撤销或变更原保全裁定。其二，尽管实践中常存在当事人在保全复议程序中申请解除保全的情形，但解除保全与保全复议在功能上有着明显的界分。解除保全发生在保全裁定作出后，出现被保全人提供担保与申请保全人起诉或仲裁失败等特殊情形时，而申请人提出解除保全与保全裁定和保全措施是否正确无关。②简言之，解除保全并非依错而为，仅是情势变更之产物。至于置换保全，从运行机理与立法沿革来看，属于其中被保全人提供担保的特殊形式，"变更保全标的物"仅是在提高效率、便利操作方面的表述，并未脱离解除保全的规制范畴，因此应当属于解除保全的下位概念。③ 其三，执行行为异议针对违反法律规定采取的保全行为，发生在保全实施部门错误采取保全措施的情形中，具有阻却保全之功能。案外人异议则具有确认保全标的权属的目的，旨在维护当事人或案外人的民事实体权益。④ 正因如此，保

---

① ［德］卡尔·拉伦茨：《法学方法论》，黄家镇译，商务印书馆2020年版，第547页。

② 参见孙超、田景超：《提供担保解除保全的判断标准与程序选择》，载《人民法院报》2022年11月3日。

③ 参见吕佳坤、禹聪聪：《对解除保全及保全物置换的实践性思考（上）》，参见"天同诉讼圈"微信公众号，网址：https://mp.weixin.qq.com/s/e-oJxNZec-0Xjc3DgZ9wNw，最后访问时间：2024年7月27日。

④ 参见陈杭平：《论"外延型"执行异议制度体系》，载《社会科学辑刊》2023年第1期。

全复议与执行异议不会产生重复救济之矛盾。一方面，保全复议与执行行为异议分别针对保全裁定与保全行为，在适用对象与规范目的上均相去甚远，难以产生竞合。另一方面，保全复议与案外人异议也不存在双重救济。由于案外人有权申请保全复议的前提为保全裁定为特定性裁定，当该裁定指向的保全财产属于案外人时，通过保全复议即可撤销原裁定，案外人异议因不具备"人民法院对诉讼争议标的以外的财产进行保全"的先决条件而无法被提起；在特定性裁定指向的保全财产在权利外观上属于被保全人时，由于保全复议并不判断该财产的真正权属，案外人此时无权提起保全复议，而应当通过案外人异议程序进行权属判断以寻求救济。其四，损害赔偿是较为独立的救济程序，其立法目的在于防止权力滥用，促使法院审慎采取保全措施以平衡双方当事人合法权益。[①] 法谚云："有损害必有救济。"落实该原则的核心即在于损害赔偿程序的适用。

表2　财产保全救济体系

	保全复议	解除保全	损害赔偿	执行异议		
				执行行为异议	案外人异议	执行异议之诉
功能目的	审查保全裁定的适法性	避免因继续保全造成损害	弥补因保全错误给权利主体造成的损害	审查保全行为的适法性	判断保全财产的权属	
提起条件	对保全裁定不服	出现被保全人提供担保与保全申请人起诉或仲裁失败等特殊情形	保全出现错误，对权利主体造成损害	保全裁定实施过程中的执行行为违反法律规定	案外人基于实体权利，认为保全行为出现错误	
权利主体	1. 保全申请人 2. 被申请人 3. 利害关系人：在保全裁定为特定性裁定的前提下	1. 保全申请人 2. 被申请人	1. 被申请人 2. 案外人或利害关系人	1. 保全申请人 2. 被申请人 3. 利害关系人	案外人	1. 案外人 2. 保全申请人

[①] 参见李喜莲：《财产保全"申请有错误"的司法考量因素》，载《法律科学（西北政法大学学报）》2018年第2期。

续表

	保全复议	解除保全	损害赔偿	执行异议		
				执行行为异议	案外人异议	执行异议之诉
程序特点	针对保全裁定，具有权利保护的根本性	基于情势变更所做，具有权利保护的被动性	发生在实际造成损害后，具有权利保护的兜底性	针对执行行为，具有权利保护的直接性	案外人异议为执行异议之诉的前置程序，具有权属判断的充分性	

综上所述，保全复议、解除保全、执行异议与损害赔偿共同构成了财产保全救济体系。尽管各项程序均服务于规范财产保全审查与执行操作、平衡双方当事人利益的意旨，但其守备范围存在明显差异，不可混淆。此外，既然各项保全救济程序功能目的存在差异，就意味着各项程序均应通过单独程序提起，其他救济请求的提出既无须以保全复议为前置程序，也无须转引至保全复议程序提出相应诉求。对此，我国可借鉴德国法与日本法之做法，将解除保全作为与保全复议等并行的救济程序加以明确，并在此基础上设立再救济渠道，以避免与保全复议程序的交叉适用。

三、保全复议程序设计之规范完善

最高人民法院院长张军在讲话中指出，程序公正既是实体公正的保障，也实际蕴含着实体公正的要求。明确各项保全救济程序的制度目的，意义在于将除审查保全裁定适法性之外的功能从保全复议程序中剥离出来，但程序公正制度价值的实现，还有赖于对保全复议程序自身的合理架构。

（一）程序衔接：保持复议程序的独立性

所谓保全复议程序的独立性，是指法院在审查复议申请时，应当对与保全裁定适法性无关的理由不予审查。具体而言，在当事人或利害关系人提出救济申请时，法院应当充分尽到释明义务，根据其诉求告知相应的救济程序。对救济申请人仍以保全复议程序之名行其他救济程序之实的，法院应当驳回复议申请。对救济申请人在保全复议程序中既提出保全裁定不当，又提出保全行为不当、申请解除保全等其他诉求的，应当对复议申请理由进行区分，仅审查保全裁定，对其他诉求不予审查。

保持复议程序扩张，既能充分尊重当事人的选择权，又能有效降低司法成本、提高审查效率。因此有学者即主张，在贯彻审判机构优先、程序保障优先原则的基础上，可合并审查不同程序的纠纷。但本文仍主张保全复议程序仅应审查保全裁定的适法性。首先，各救济程序功能不同、审查范围相异，若以兼容形式合并审查，将加剧不同程序的体系矛盾，弱化制度目的。分辨申请人的救济申请属于何种性质并选择适用的程序，本就属于法院的职责，不因当事人申请不同而有偏差。① 其次，司法实践中各救济程序的审查庭室并不一致，合并审查可能面临权限问题。实践中，保全复议、解除保全多由审判庭室审查，执行异议则多由执行裁决部门审查，不宜因救济申请人一并提起而合并审查。最后，合并审查将造成程序冲突。例如，当事人在保全复议程序中提出解除保全，若法院一并审查，是否准许当事人申请复议在解释论上将出现困难，并使法院的自由裁量权缺乏约束。

（二）自身修正：确保复议审查的实质性

在微观层面上，还应当强化实质审查，解决保全复议程序存在的个性问题。

1. 审查内容：强化对保全必要性的审查

司法实践中，常以适格担保作为复议审查的关键，导致复议审查出现形式化倾向。② 本文认为，防止保全复议形式化的关键，在于强化对保

---

① 参见（2012）执复第31号民事裁定书。最高人民法院指出，案外人异议与执行行为异议属于不同性质的异议，应当按照相应程序分别处理。对案外人所提异议不加区分，一并作为执行行为异议进行审查，属于适用法律错误，程序不当，应予撤销。

② 参见张卫平：《最高人民法院民事诉讼法司法解释要点解读》，中国法制出版社2015年版，第113页。

全裁定适法性的审查；而判断保全裁定是否适法的核心，在于财产保全是否具有必要性。据此，各级法院在审查内容上，应当着重关注保全是否具有必要性。

现行规范对保全必要性的规定较为原则，本文认为，可以借鉴《民法典》中不安抗辩权的列举情形与各地方法院指导性意见中先进样本的方式解释保全必要性的内涵。所谓不安抗辩权，是为防止无法获得对待给付而赋予先履行债务人暂不履行的权利；当事人行使不安抗辩权，需要证明其有中止履行的必要性。由此可见，财产保全与不安抗辩权类似，均要求必要性、具有预防性。在此基础上，不安抗辩权的诸多情形就具有了平行适用于财产保全判断标准的可行空间。此外，在各地方法院指导性意见中，以浙江省高级人民法院于2022年底印发施行的《关于进一步规范财产保全案件办理的工作指引（试行）》（以下简称《浙江高院指引》）最具代表意义，其中不仅充分列明了符合诉前保全"情况紧急"与诉讼保全"生效法律文书难以执行"的类型，还明确规定了需要审慎审查保全必要性的情形（见表3）。因此，构建保全必要性审查清单时，亦可援引该指导性意见。

表3 财产保全必要性审查清单

分类	具体情形	参照依据
单一情形	被保全人存在与他人签订了可能损害申请保全人利益的合同、协议与会议纪要等文件的情形	《浙江高院指引》第6条
	被保全人存在转移生产设备等财产的情形	
	被保全人存在正在登记机关办理名下财产过户手续的情形	
	被保全人存在为财产保全案件被保全人的情形	《浙江高院指引》第7条
	被保全人存在为未执行完毕案件被执行人的情形	
	被保全人的财产存在如不及时采取保全措施将会造成更大损失的情形	《湖南省高级人民法院关于财产保全案件的办案规程》第3条

续表

分类	具体情形	参照依据
复合情形	被保全人存在企业负责人失联、停产、工人聚集讨薪或者供应商聚集追讨货款等财产可能随时被转移的情形	《浙江高院指引》第6条
	被保全人存在已申请破产或已进入破产程序、涉及重大诉讼且面临重大败诉风险、从事该行业或业务必需的资质被吊销等经营状况严重恶化的情形	《民法典》第527条
	被保全人存在生产假冒伪劣产品、引发重大负面舆情、被列为失信被执行人等丧失商业信誉的情形	
	被保全人存在制作虚假财务会计报表虚增利润进行分配、通过虚构债权债务关系将其出资转出、利用关联交易将出资转出等抽逃资金的情形	《民法典》第527条、《最高人民法院关于适用〈中华人民共和国公司法〉若干问题的规定（三）》第12条
	被保全人存在资产负债表，或者审计报告、资产评估报告等显示其全部资产不足以偿付全部负债等资不抵债的情形	《天津法院财产保全案件审查指南（试行）》第9条、《最高人民法院关于适用〈中华人民共和国企业破产法〉若干问题的规定（一）》第3条
兜底条款	其他可以被认定为具有保全必要性的情形	

针对上述清单，本文对此作出如下说明。

其一，清单未效仿《浙江高院指引》之体例，而是按照"单一情形""复合情形"与"兜底条款"进行分类。原因在于，"生效法律文书难以执行"与"情况紧急"在逻辑上并不存在递进关系，无法进行严格区分。所谓"单一情形"，是指已经言尽的情形；所谓"复合情形"，是指未能完全列明的情形。例如，对申请人丧失商业信誉的认定，包括但不限于清单中列明的情形，法院可结合审判实际综合考量，亦可参照《民法典》及相关司法解释进行判断。其二，清单并未列明"涉诉情况较多"这一情形。原因在于，此类情形应当根据被申请人性质、资信状况、诉讼标的额与实缴资本等因素综合考量。若申请保全人无法提供涉诉情况较多与保全必要性关联的证据,则应当承担撤销保全裁定的风险。法院若认定此种情形具有保全必要性,应当在裁定书中加以说明,而非以"被保全人涉诉数量较多,保全申请人申请保全符合法律规定"的表述简单阐释,否则极易产生前述同案不同判之现象。其三,对部分性质特殊的被申请人,即使符合前述条件,也应当审慎作出复议裁定。该类主体包括行政机关、事业单位、国有企业与上市公司等,由于其具有国家公信力或雄厚资本的背书,一般不存在执行不能的情形。实践中亦有法院采此种观点。① 其四,实践中有观点认为涉案财产上设有抵押权时即不具有保全的必要性,② 本文认为不应一概而论。财产保全虽不影响抵押权等优先受偿权的实现,但在被申请人转移财产的场合,即使设定有抵押权也较难优先实现申请保全人债权,且抵押财产价值可能小于申请保全标的额。其五,法院进行复议审查时,应当注意区分提出保全申请的时间。诉前保全案件尚未进入实质审查阶段,对保全必要性的证明程度相较于诉讼保全应当更高。举例而言,对被申请人经多次催告仍未履行债务的情形,若申请保全人系诉讼过程中提出财产保全申请,法院可在综合考量后酌定采取保全措施,但在诉前保全中则原则上应当认定为不具有保全必要性。

2. 审查主体:上级法院同业务庭室

我国诉讼实践中采原合议庭复议的做法,使保全复议的效果大打折扣。在此基础上,优化路径有二:其一,参照执行复议,由上级法院同业务庭室进行审查;其二,由作出裁定的法院另行组成合议庭进行审查。两条路径各有利弊:路径一能够以上级法院监督的方式最大限度地实现对复议虚置的杜绝,且有执行复议程序的成熟经验可供借鉴。此外,该路径能够减轻基层法院保全复议案件的审理任务,有利于防止因结案压力导致审查形式化。但是该路径与我国现行规范不符,需要重构既有的民事诉讼框架。路径二的优势是其系在既有民事诉讼框架下的细化;缺

---

① 参见山西省晋城市中级人民法院 (2020) 晋05财保25号民事裁定书。
② 参见山西省太原市迎泽区人民法院 (2021) 晋0106财保359号民事裁定书。

点则体现为缺乏法理基础，即作出裁定法院另行组成的合议庭与原合议庭既无上下审级关系，亦无审判监督关系，无权撤销或变更原保全裁定。本文认为，路径一更为妥当。原因在于，尽管该路径采取立法论立场而非解释论立场，但具有法理基础的合理内核。相较于现行的民事诉讼规范，法理基础更具有维护的必要性；更何况，在需要强化保全复议实质审查与程序保障的前提下，重修保全复议程序本是应有之义。

审查过程中，对疑难复杂或需审慎对待的案件，可将案件上报专业法官会议。审查结束后，法院应当出具裁定书：裁定应详细列明复议申请人的请求、事实、理由与保全裁定正确或不当的事实和理由、撤销、变更或维持原裁定的判项；案号则应与原裁定案号保持一致，可在案号后附加"之一"以区分。① 各级法院审判管理办公室应当定期抽查保全复议裁定，重点核查说理情况，以充分发挥监督职能。

3. 审查形式：原则上进行言辞审查

审查诉讼化是实现保全复议审查实质化的关键，言辞审查则是推动审查诉讼化的核心。由于保全复议并不停止保全裁定的执行，因此以言辞辩论的方式增强复议审查的实质性并不妨碍财产保全预期目的之实现。在比较法上，《德国民事诉讼法》第924条和《日本民事保全法》第29条均以设置辩论期日的规定实现了对双方程序参与权的有效保障。程序上，应当根据复议申请人的性质区分规划。原则上应当采取言辞审查方式，即合议庭在初步审查申请材料后，应当在指定日期内组织双方举证、质证并充分答辩，并由申请保全人就保全必要性承担证明责任。在只有申请保全人提出复议申请的情况下，由于此时保持非对审性于被申请人的利益无碍，合议庭可以进行书面审查。

此外，尽管有学者主张应当允许对保全复议裁定提出上诉，以此实现程序监督与错判纠正，② 《德国民事诉讼法》《日本民事保全法》亦有

---

① 模板应严格按照保全或者先予执行裁定复议用民事裁定书格式。参见最高人民法院修改后民事诉讼法贯彻实施工作领导小组：《民事诉讼文书样式》，人民法院出版社2016年版，第204~205页。

② 王福华：《民事诉讼专题研究》，中国法制出版社2007年版，第228~230页。

相应规定，本文仍然认为无须对保全复议裁定再赋予救济途径。事实上，在由上级法院对保全必要性进行言辞审查的基础上，保全复议已经能够满足对复议申请人的救济需要，允许就保全复议裁定再寻救济将违背财产保全程序的效率要求，亦有矫枉过正之嫌（见图1）。

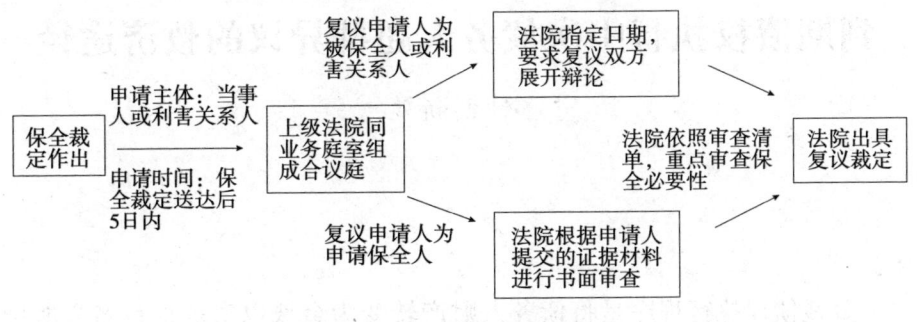

图1 保全复议审查流程

结语

在财产保全案件中，民事主体既可能因其他主体的错误行为受到损害，也可能因人民法院的错误裁判而遭受损害，因此我国现行法创设了诸多财产保全救济途径，以防止双方当事人间利益失衡，其中以保全复议程序最为有效。但是受权利保护说与结果中心主义的影响，财产保全救济体系略显凌乱，保全复议程序的实际效果有待加强。本文对此展开解释论与立法论探讨，梳理财产保全救济体系间各救济程序的制度目的和内在关联，并提出完善保全复议程序的有效路径，以期对保障保全复议效能发挥有所助益。

到期债权执行中次债务人超期异议的救济途径

钟创新[*]

金钱债权执行程序是将债务人财产转变为金钱以实现执行名义所确定债权的程序。债务人以自己名下财产作为实现债权人债权的重要保障。传统观点认为，债务人财产以物权关系为核心，集中在动产和不动产，但因当代社会工商经济活动日益频繁，产生各种债权债务关系，到期债权逐步成为债务人的重要财产。这种债务人对次债务人所享有的到期债权，无论基于公法原因产生还是基于私法原因产生，只要没有法律或性质上不得强制执行的情形，均不影响其作为金钱债权的执行标的。债权人有权申请执行法院冻结该债权并通过变价程序实现执行债权的正当清偿。在到期债权执行中，次债务人参加执行程序后会产生一个新的执行法律关系，形成一个新的执行事件，原执行法律关系依然存在，次债务人只就自己所负债务承担清偿责任，不与债务人共同承担对债权人的执行债务。由于到期债权执行本质是在对次债务人没有直接据以执行的执行名义的情况下将其卷入执行程序，为避免侵害次债务人合法权益，在启动到期债权执行程序时，往往会赋予次债务人以异议权。为了充分保护次债务人的合法权益，我国到期债权执行程序就充分考虑了次债务人的异议权行使。《最高人民法院关于人民法院执行工作若干问题的规定（试行）》（2020年修正，以下简称《执行规定》）在规定到期债权执

---

[*] 重庆市南岸区人民法院副院长。

行制度时，用了6个条文来保障次债务人的异议权。《执行规定》第47条规定："第三人在履行通知指定的期间内提出异议的，人民法院不得对第三人强制执行，对提出的异议不进行审查。"理论和实务中通常将该条规定的异议权称为"绝对异议权"。然而，受限于主客观情况，次债务人有时也会超期提出异议。对此，最高人民法院执行工作办公室在2006年《关于到期债权执行中第三人超过法定期限提出异议等问题如何处理的请示的答复》中，明确："第三人在收到履行到期债务通知书后，未在法定期限内提出异议，并不发生承认债务存在的实体法效力。第三人在法院开始强制执行后仍有异议的，应当得到司法救济。"不过，这一司法救济途径究竟是什么，各类法律规范未予明确。这导致司法实践中做法各异，有损法律适用的统一性。有鉴于此，有必要对到期债权执行中次债务人超期异议的救济途径进行分析，以回应司法实践的紧迫需要。

一、到期债权执行中次债务人超期异议的实践分歧

通过在中国裁判文书网检索发现，到期债权执行中次债务人超期提出异议后的实践做法主要有以下三种。

一是不审查次债务人异议，不对次债务人强制执行。在辽宁省大连市中级人民法院（2023）辽02执异149号执行裁定书中，法院认为，到期债权执行是基于债权代位权而采取的措施，申请执行人在执行程序中根据到期债权执行制度对次债务人申请执行，前提是次债务人对债务并未提出异议，一旦提出异议，则不得对次债务人强制执行，且对异议不进行审查，这是现行法律对限缩执行裁量权的制度要求。同时，即便次债务人超过履行通知指定的期限，亦有权提出异议，法院仍不应对次债务人强制执行。

二是按执行行为异议程序审查处理。在最高人民法院（2018）最高法执复83号执行裁定书中，最高人民法院强调，《执行规定》第47条的规定不意味着次债务人未在法定期限内提出异议，就会发生承认债务存在的实体法效力，次债务人收到履行到期债务通知书后，超过期限才提

出不存在到期债务的异议，执行法院应当按照民事诉讼法关于执行行为异议程序的规定，对到期债务是否存在以及到期债权的具体数额进行审查。最高人民法院（2019）最高法执复20号执行裁定更具体地指出，次债务人超期提出异议时已经丧失到期债权程序对其利益的保护，但次债务人仍可以利害关系人身份对法院的执行行为提出异议。

三是告知当事人另行诉讼。在黑龙江省大庆市中级人民法院（2019）黑06执复59号执行裁定书中，法院认为，次债务人对到期债权执行提出有实体权利争议的异议，除该到期债权已经生效法律文书确定之外，执行法院不得强制执行，也不对异议进行审查。对被执行人与次债务人之间债权债务关系是否确实存在，可由次债务人或申请执行人通过另行提起诉讼或代位诉讼等司法程序主张权利。

二、到期债权执行中次债务人超期异议的类型分析

从上述到期债权执行中次债务人超期异议的实践分歧不难看出，次债务人超期提出异议后引发的问题是，执行法院究竟应当按照何种正当程序为当事人提供适宜的救济途径。按照因事设权、因事设程序与程序相称原理的基本要求，程序的设计要与纠纷的性质、争议事项的重要性、复杂程度、争议金额等因素相适应。由此，到期债权执行中次债务人超期异议救济途径的确定也应当与次债务人的异议事项相适应。对此需要考量两个方面：一是次债务人的法律地位，即次债务人此时是被执行人，还是案外第三人，抑或利害关系人、协助执行人等，这决定了次债务人能够提出的异议类型；二是在明确次债务人法律地位的情况下，次债务人此时的具体异议事项究竟为何，这将指引救济途径的具体选定。

对于到期债权执行中次债务人的法律地位，理论和实务界争议颇巨。这是因为与其他执行方法不同的是，随着到期债权执行程序的逐步推进，在到期债权变价过程中次债务人的财产很可能成为执行标的物，次债务人所负义务也会发生根本性的改变：查封债权时，第三人为协助执行人；拍卖、变卖、抵债变价中，第三人为协助执行人；划拨变价中，第三人

的划拨义务为一种协助执行义务，不履行划拨义务时成为被执行人；收取变价中，债权确认前，第三人类似或等同于诉讼中的被告，债权确认后，第三人为被执行人。不过，聚焦到超期异议时的次债务人，其法律地位已然明了。原因在于，在我国径为执行的制度规定下，次债务人在履行通知指定的期限内没有提出异议而又不履行的，执行法院有权直接裁定对其强制执行。异议期满后次债务人的法律地位相当于被执行人，应取得不劣于被执行人的程序救济权利。在最高人民法院（2021）最高法执监391号执行裁定书中，最高人民法院也支持了这种观点：在执行法院对次债务人采取强制执行措施以后，次债务人的身份就等同于被执行人，次债务人以债权消灭等实体事由提出异议的，自然应取得相应程序性权利。

在次债务人摇身一变为被执行人的情况下，需要考量的问题转变为次债务人此时能够提出何种异议。对此至少可以有两种理解：一是次债务人此时提出的是本可在法定期限内提出的异议；二是次债务人此时不再争执其对债务人所负债务是否存在，而是就法院强制执行提出异议。当然，还有一种情况是次债务人恶意提出本身不存在的异议，企图阻滞法院执行，这需要通过程序机制予以规制。就第一种情况而言，根据我国法律和司法解释的规定，次债务人在收到执行法院发出的履行通知书后，次债务人有权提出异议，异议内容主要是对其就债务人所负债务提出实体抗辩，其抗辩理由可以是认为债务人对其享有的债权不存在、已消灭或者存在其他妨碍债务人请求的事实和理由，而不能是自己无履行能力或其与债权人无直接法律关系等非异议。这是一种指向强制执行之实体正当性的实体争议。就第二种情况而言，次债务人的异议实际针对的是法院的执行行为，属于执行行为异议，例如认为执行法院超额冻结等执行措施违法。这是一种指向强制执行之程序正当性的程序争议。

除此之外，理论和实务中还有不少人认为，次债务人此时可以提出执行标的异议，并由此导向执行标的异议之诉。理由是对次债务人到期债权的执行涉及次债务人与债务人之间的实体权利关系，在未经审判程序等法定程序确定相关实体权利关系的情况下，执行程序对次债务人直接执行需要有严格的前提条件，其核心是次债务人认可到期债权，一旦其否认到期债权，就应当通过诉讼等程序解决实体争议。强制执行债务人对次债务人的到期债权，是一种基于程序上的便利设置的程序，执行标的为债务人对次债务人的到期债权，其前提是债务人对次债务人真正享有到期债权。次债务人虽未在履行通知限定期限内提出异议，并不能由此产生确认到期债权的实体法效力。为公平保护各方当事人的合法权益，应当就债务人对次债务人是否享有到期债权进行审查，据此作出裁定，若一方对裁定不服，可依法提起异议之诉，通过执行异议之诉对到期债权进行实质审查，给予双方充分救济。但是，这种观点既没有观察到次债务人超期提出异议时法律地位的变化，也没有真正贴合执行标的异议的实质。

执行标的异议系以案外人对执行标的享有所有权或其他足以阻止执行标的转让、交付的实体权利来排除法院的强制执行，但在到期债权执行中，尤其是超期异议时的次债务人不可能对自己作为债务人的债权享有权利，其本身不存在享有足以排除执行的实体权利。法院在执行被执行人的到期债权时，次债务人若主张该等债权已经消灭，那么次债务人仅仅是对作为执行名义的到期债权本身产生异议，而非主张对该到期债权享有排除申请执行人执行的民事权益。申言之，既然次债务人主张该到期债权已不再存续，又何谈对不存在之债权享有排除强制执行的民事权益。因此，次债务人所提异议并非针对执行标的提出足以排除执行的实体权利，而是以执行机关选定的执行标的错误为由主张执行行为违法。因次债务人异议系针对到期债权所提出的实体抗辩，而简单导向执行标的异议，无异于犀牛望月。

三、到期债权执行中次债务人超期异议的程序应对

结合到期债权执行中次债务人超期提出的具体异议类型，选择相适应的应对程序能够为当事人提供正当且充足的救济途径。

第一，对于次债务人就执行行为违法提出的异议，应按执行行为异议程序审查处理。执行行为异议是指执行行为违反法律规定的执行要件、程序或方法，当事人、利害关系人通过提出异议予以救济的法律制度。根据我国法律及司法解释的规定，违法执行行为主要包括三个方面的内容：一是执行机关在采取冻结、变卖、中止执行等执行措施时违反法律规定；二是执行机关违反法律关于执行期间等应当遵守的法定程序；三是执行机关作出侵害当事人、利害关系人合法权益的其他执行行为。对于次债务人提出的超额冻结等执行行为异议，法院应当自收到书面异议之日起 15 日内审查，理由成立的，裁定撤销或者改正；理由不成立的，裁定驳回。当事人、利害关系人对裁定不服的，可以自裁定送达之日起 10 日内向上一级法院申请复议。

第二，对于次债务人就其所负债务提出的实体抗辩，目前比较合适的方法是按执行行为异议程序审查处理，未来可选择"被执行人异议+被执行人异议之诉"的救济途径。对于次债务人提出的实体抗辩，大体包括不承认债务人的债权存在，对到期债权的款额有争议，或主张对债务人行使抵销权、同时履行抗辩权，主张条件尚未成就、期限尚未届满等。可以发现，次债务人在执行程序中提出的实体抗辩直接涉及其与债务人之间的实体权利义务关系，且该实体权利义务关系并未经过审判程序审查确定。基于审执分离原则的要求，实体争议问题原则上应当通过审判程序审查处理，所以理论和实务中较多人主张次债务人或债权人应另诉处理。问题是，在执行法院已经径为执行的情况下，但凡次债务人提出实体抗辩就要中止执行以等待另诉处理结果，很大程度上会有损执行效率，且对债权人有失公平，更不必论次债务人提出的实体抗辩很有可能根本不成立，提出实体抗辩纯粹是为了阻滞执行。久而久之，这很可能成为次债务人的崭新逃债手段，磨灭到期债权执行制度价值，加剧执行难，造成滥诉。也因此，不少人主张次债务人提出的实体抗辩仍应在执行程序内解决，可以按照执行标的异议程序审查处理，并能以此导入执行标的异议之诉。但如前所述，次债务人此时提出的异议不属于排除执行的执行标的异议，适用执行标的异议程序在原理上始终卯不对榫。在这样的情况下，寻求合适的救济途径至关重要。

由于次债务人超期提出异议时，其已属被执行人，理论上其可按执行标的异议的方式，先提起被执行人异议，不服的再通过执行人异议之诉维护其合法权益。本质上，次债务人异议就是一个债务人异议之诉审查的内容。但由于我国现行法律与司法解释并未确立被执行人异议之诉，所以在规范层面是无法适用被执行人异议之诉的。不过，对于被执行人以债权消灭等事由提出实体抗辩的，《最高人民法院关于人民法院办理执行异议和复议案件若干问题的规定》（2020年修正，以下简称《执行异议复议规定》）第7条第2款规定，被执行人以债权消灭、丧失强制执行效力等执行依据生效之后的实体事由提出排除执行异议的，法院应当参照执行行为异议程序审查处理。这应当是我国目前比较合适的程序应当路径，也是次债务人享有的正当救济途径。在陕西省高级人民法院（2018）陕民终352号民事裁定书中，法院认为：次债务人在法定期限之后，以债务人对其不享有到期债权、执行法院作出的冻结裁定侵犯其合法权益为由，请求撤销该裁定继而提起执行异议的，次债务人所提异议所依据的基础性权利为程序权利，是对执行行为本身的异议，而不属于对执行标的实体上的执行异议，不属于可提起案外人执行异议之诉的范畴。

可能的疑问是，执行行为异议的性质为程序性救济方式，即使将其勉强解释为执行行为违法，但因异议的理由往往包括债权不存在、已消灭等实体抗辩事项，审查所涉及的是次债务人与债务人之间的实体权利义务关系，这并不符合执行行为异议的适用情形。但事实上，《执行异议复议规定》第5条在具体解释执行行为异议时，在常见的执行措施违法以外，着重强调了"其他合法权益受到人民法院违法执行行为侵害"。而据制定者的解释，其他合法权益指的是程序性权益和不能排除执行的实体权益，如果是主张能够排除执行的实体权益，则其身份是案外人。换言之，执行行为异议程序完全可以处理不能排除执行的实体权益，而这正是次债务人在到期债权执行中所提实体抗辩要达到的目的。只是从最理想的救济途径而言，仍应是参照执行标的异议程序，设计"被执行人异议+被执行人异议之诉"的救济机制。《民事强制执行法（草案）》第157条第2款也规定，次债务人认为债务人的债权不存在、已消灭或者存在其他妨碍债务人请求事由的，可以提起被执行人异议之诉。这一立法或许值得坚持。

【终本出清专题】

终本出清的现状、逻辑与对策
——基于上海法院终本案件评查的调研报告

钟 明[*]　陈姣莹[**]　熊 凯[***]

摘要： 终结本次执行程序制度最初是为清理执行积案所创设，在切实解决执行难初期发挥了重要的作用。然而，由于长年累月所养成的"终本惯性"，执行案件终本率偏高、大量终本案件沉积等问题日益凸显，终本出清已经成为切实解决执行难进一步走深走实的必由之路。本文以上海法院终本案件为样本，从存量案件的清理退出和增量案件的监管控制两个方面，深入分析当前终本案件出清所面临的问题困境以及问题产生的原因。研究发现，制度供给不足与规范冲突、人案矛盾与不合理的考核评价、终本案件的"善后"不足、执行不能退出机制失效以及执源治理的缺位是导致"终本惯性"长期存在的主要原因。为此，本文结合数字法院建设的大背景，从开源和截流两个方面为终本案件的顺利出清提出了相应对策建议。

---

[*] 上海市高级人民法院执行局局长。
[**] 上海市高级人民法院执行局法官助理。
[***] 上海市黄浦区人民法院执行局法官助理。

一、缘起：终结本次执行程序作为清理执行积案的"主要方式"

（一）终本制度的沿革轨迹

"终本"是终结本次执行程序的简称，这一概念最初在2009年中央政法委、最高人民法院发布的《关于规范集中清理执行积案结案标准的通知》（以下简称《清积通知》）中正式提出，该通知明确对经过法定调查程序认定为无财产可供执行的案件，可以终结本次执行程序后作结案处理，这一结案方式为大量无财产可供执行的案件提供了退出机制，缓解了当时居高不下的执行积案比例。2014年，在最高人民法院发布的《关于执行案件立案、结案若干问题的意见》中将终结本次执行程序与执行完毕、终结执行等并列作为执行实施类案件的六种结案方式之一，并对终结本次执行程序结案的情形进行了较为详尽的规定。随着社会各方面对于无财产可供执行案件的退出机制问题逐步形成共识，在2015年最高人民法院发布的《关于适用〈中华人民共和国民事诉讼法〉的解释》（以下简称《民事诉讼法解释》）中，首次以司法解释的形式将终结本次执行程序作为执行案件的结案方式予以吸收规制，从此终结本次执行程序作为执行案件结案方式有了司法解释层面的法律依据，此后终本结案在六大结案方式中的占比长期高居首位。2016年，为解决终本率过高、终本程序滥用等问题，最高人民法院印发《关于严格规范终结本次执行程序的规定（试行）》（以下简称《严格规范终本规定》），对终本结案的要求进行了更为严格、详细的规范。2018年，最高人民法院结合执行工作中发现的问题出台了《关于进一步规范近期执行工作相关问题的通知》（以下简称《进一步规范执行工作通知》）对先前关于失信措施、终本程序等规定进行了细化。

终本制度在基本解决执行难初期确实发挥了重要的工具作用。在此之前，各地法院尝试过发放债权凭证、中止执行、登记备案等①方法，来实现无法执行到位案件的清理和退出。终本制度的推行，统一了无财产可供执行案件的退出路径，规范以往混乱不清的结案方式，在基本解决执行难时期为核查清理历史积案、查清案件底数、规范执行程序发挥了积极作用。从2009年的《清积通知》至今，终本制度经历了从初期探索、快速扩张到收缩规范的发展历程，如何进一步规范终本程序，使之成为切实解决执行难的重要制度支持，已经成为新的时代课题。

（二）从"终本兜底"到"终本优先"

终本制度最初是为了给执行不能积案寻求退出机制而设计的，应当是在穷尽财产调查措施及相应强制措施后，仍未发现被执行人有财产可以清偿全部债权而采取的一种"兜底"结案方式。然而，从近些年的发展趋势看来，终本结案从本应是执行结案的最后选择，逐步成了优先选项。从全国平均数据看来②，2016年至今，终本结案数占总结案数的比例基本都在三分之一以上，有的年份甚至能占到近二分之一。

面对逐年激增的执行案件、花样繁多的逃债手段以及结案考核压力，"终本结案"成为许多法院疏解上述压力的出口。为了使案件能够尽快办结，程序性终本、带财终本、先终本再恢复、隐形终本③等方式层出不穷。在涉诉信访中，有很大比例的信访是申请执行人对法院终本结案不满而引起的。终本率畸高、违规终本等问题已广为诟病，终本制度运行现状与人民群众的期待相差甚远，也背离了切实解决执行难的工作目标。

（三）终本出清成为切实解决执行难的必由之路

最高人民法院院长张军强调："老百姓到法院是为了解决问题的，绝不是来'走程序'的。"将执行案件送入档案室绝非切实解决执行难的终

---

① 参见刘静：《终结本次执行程序的反思》，载《首都师范大学学报（社会科学版）》2016年第6期。
② 数据主要来源于全国法院司法统计公报。
③ 隐形终本是指不向申请执行人征求意见即直接终本结案。

点，如何管理并消化目前大量未执行到位的终本案件是评价切实解决执行难是否取得实效的重要标准。

随着执行案件的不断积累，终本案件数量越积越多。终本案件库的不堪重负、被执行人的失信状态、债权人胜诉利益的长期无法兑现，让许多法院开始意识到构建终本案件的退出机制已势在必行。通过"北大法宝"搜索发现，终本出清一词最初出现在2023年8月25日最高人民法院发布的《"打造枫桥式人民法庭 推动诉源治理"典型案例——推动源头治理篇》一文中介绍浙江省丽水市中级人民法院优秀经验时提到："全面提升终本出清效能，共出清1627件8264.8万元"。此外，还有如《湖滨法院终本出清｜"终本"不是终点 —"执"在路上》[①]《浙江丽水：终本出清牵引推动"切实解决执行难"》等文章都有所提及。上述三篇文章分别从三个不同的角度解释了何为终本出清：一是终本案件管理要清，要将有财产可供执行的案件及时清出终本案件库，敦促及时履行；二是结案后的查控工作要清，终本并非终点，要加强终本结案后的财产线索查询工作，不能"一终了之"；三是案件纠纷化解要清，要依靠党委、政府等多方支持，通过信用修复、执行不能转破产等多种形式实现终本案件的退出机制。

综上所述，可以将终本出清定义为一种通过加强和完善对以终结本次执行程序结案案件全过程的管理，构建终本案件退出机制，及时清除不符合终本条件的案件，最终实现从案结到事了的案件管理方式。

二、现状：终本制度运行情况的实证考察

（一）上海法院终本案件运行情况

民事执行案件的现状是我国应采取什么样的执行模式的前提。[②] 本文

---

① 参见三门峡市湖滨区人民法院执行局微信公众号2024年2月2日推送的文章。
② 参见左卫民：《中国"执行难"应对模式的实证研究 基于区域经验的分析》，载《中外法学》2022年第6期。

主要以上海市17家基层法院和5家中级法院①2022年度以终结本次执行程序结案的首次执行案件为考察样本②，同时兼顾恢复执行案件以及其他相近年份的案件数据。

从2022年数据看来，当年上海法院终本案件共计16万余件，终本率39%，终本占结案数比例42%，接近全国平均水平。从各法院具体情况来看，中级法院相对而言能够将终本率和终本占结案数比例维持在较低的状态（33%左右），但是部分收案量较高的基层法院终本率和终本占结案数比例较高。从终本案件办理效果上看，有20%的执行到位金额是在终本案件中取得的。

从历史运行趋势上看，2019年至2023年，上海法院终本率和终本占结案比整体呈下降趋势，其中终本率最高的年份为2020年，终本率和终本占结案比均超过了40%，终本占结案比更是高达46%。直至2023年，两项指标开始有了明显的下降，均已下降至35%以下，这也从侧面说明越来越多的法院开始重视对终本案件数量的控制和管理（见图1）。

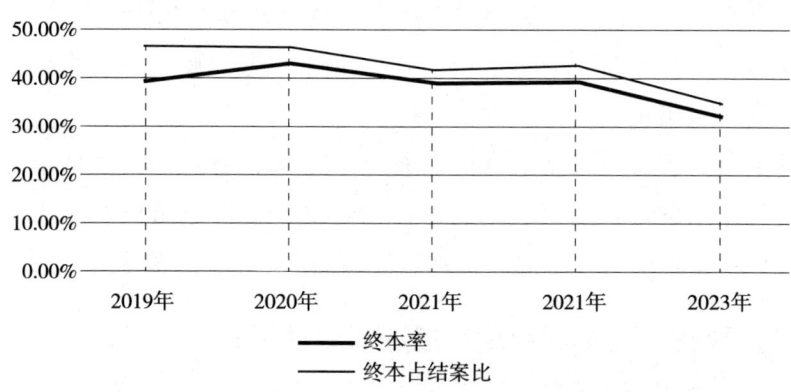

图1　2019年至2023年上海法院终本率及终本占结案比趋势

从终本与终结的数量上看，两者存在此消彼长的关系。从2019年至2023年，随着收案量的增长，终本和终结案件数量也随之增长，但终本

---

① 2022年上海市高级人民法院无终本案件，故不再纳入考察范围。
② 本文数据是基于上海法院终本案件评查结果进行的分析，由于2023年的终本案件评查尚未完成，因此，数据采用2022年的上海法院终本案件评查结果。

案件数量至 2021 年达到最高峰后开始逐渐下降,终结案件数量则逐年增长,在 2023 年与终本案件数几乎平齐。这说明在对终本案件加强管控后,其中一部分案件流向了终结结案,在流向终结结案的案件中,信用卡、普惠金融等小额金融借款类案件占比较高(见图 2)。

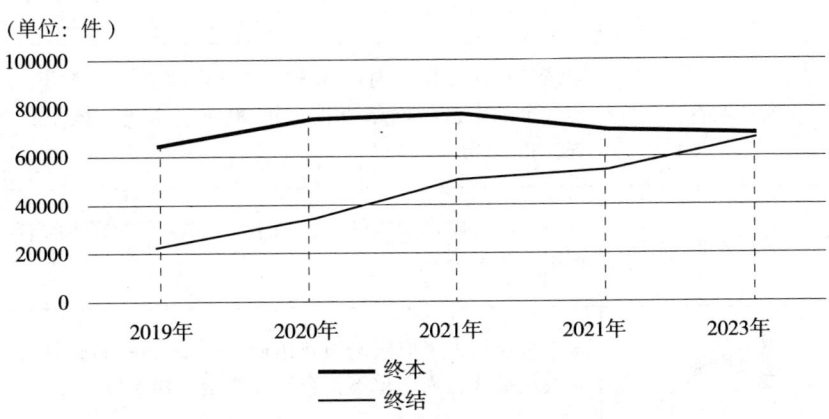

图 2　2019 年至 2023 年上海法院终本、终结案件数量逐年趋势

(二) 终本案件评查发现的问题

本次终本评查以 2022 年度终本结案的首次执行案件为基数,根据月份和各法院结案数量,按比例抽取案件进行评查。案件评查将从启动执行、报告财产、财产调查、财产处置、惩戒措施、结案和文书等六个方面,对终本案件进行电子档案评查。案件评查执行的标准是根据《民事诉讼法解释》《严格规范终本规定》以及《进一步规范执行工作通知》并结合司法实际所制定的,重点考察执行法院是否根据《民事诉讼法》要求时限送达法律文书、开展财产调查,是否穷尽财产调查措施及相应惩戒措施,在终本前是否听取当事人意见,是否存在应当处置而未处置的财产等不合规情形。评查满分为 100 分,采取扣分制,得分 80 分及以下为不合格。评分细则见表 1。

表 1 终本评查评分细则

启动执行	未按期发出执行通知书,扣 5 分
报告财产	未按期发出报告财产令,扣 5 分;被执行人报告财产线索后,未进行核查,扣 5 分;被执行人逾期报告,未采取惩戒措施,扣 3 分
财产调查	申请执行人提供了财产线索,未进行核查,扣 5 分;结案前 3 个月未进行网络查控,扣 20 分;未进行线下传统调查,扣 20 分
财产处置	有可供执行财产而未处置,扣 10 分;财产处置不符合法律规定,扣 5 分
惩戒措施	未对被执行人采取限制消费措施,扣 20 分;将被执行人纳入失信被执行人名单不符合法律规定,扣 5 分
结案和文书	终本结案未听取申请执行人意见并获得同意,扣 20 分;申请执行人不同意终本的,未依法报主管院长审批,扣 20 分;未将终本裁定送达双方当事人,扣 5 分

根据以上标准,共计抽取案件 2418 件,其中,基层法院 1980 件,中级法院 438 件,抽查结果合格 2048 件,合格率 84.7%。通过对以上抽查结果的总结分析发现终本案件主要在以下方面存在问题。

一是未定期更新网络查询结果。终本结案的案件必须是已经通过网络执行查控系统对被执行人财产情况进行查询而未发现可供执行财产的。为了防止被执行人财产情况发生变化而未及时发现,《进一步规范执行工作通知》要求执行法院在终本结案前 3 个月内需要进行一次网络统查。在终本评查中,发现一些案件特别是执行期限较长、被执行人人数较多的案件,容易存在遗漏总对总查询的情况。在抽查的案件中,有 134 件案件未按规定更新网络查询结果,占比 5.5%,这可能会导致被执行人财产线索的遗漏,将原本可以执行完毕的案件以终本结案。

二是欠缺必要的传统调查。根据《严格规范终本规定》第3条第3项规定，在网络查控无果的情况下，应当对被执行人住所地或者可能隐匿、转移财产所在地进行必要调查。相比于网络查控，线下调查有助于执行法院掌握被执行人的实际生活、经营情况，查询到线上无法发现的实物财产。在抽查的案件中，欠缺线下传统调查是扣分最多的项目之一，此检查项目不合格案件数量达到了292件，占比12%。

三是有可供执行财产未处置标准模糊。在抽查的案件中，部分案件存在带财产终本的情况，但是财产"是否具备处置条件"是一个较为模糊的标准，故在案件评查中存在判定困难。虽然《严格规范终本规定》给定了一些标准，如财产经法定程序拍卖、变卖未成交和查封的动产未实际扣押，但是存在限制范围过窄的问题。例如，正式查封他人享有抵押权的财产、清场搬离存在困难的住宅房屋、处置成本可能高于处置价值的财产等情形是否属于有可供执行财产未处置。这些反映到执行工作中就是财产处置的随意性过大，财产处置过程中个别法院存在比较严重的畏难情绪。例如，在一些案件中执行法院在没有与首先查封法院积极沟通的情况下，简单以轮候查封没有处置权为由终本，导致财产长期得不到处置。

四是终本结案未听取申请执行人意见并获得同意。执行案件是否能够实现人民群众的期盼，重点在于能否得到申请执行人本人的认可。《民事诉讼法解释》规定，除经院长审批外，终本结案的案件需经申请执行人签字确认。在司法实践中，申请执行人签字确认被扩展出多种形态，例如通过在线谈话获得申请执行人签字确认的笔录、电话与申请执行人沟通获得同意后作出的工作记录、向申请执行人发送终本告知短信等。上海法院严格根据《民事诉讼法解释》的精神重点检查"征求+确认"程序是否完备，仅告知未获得申请执行人确认的情形将被认为是不合规的。在抽查的案件中，此检查项目不合格案件数量达到了109件，占比为4.5%。终本结案前征求申请执行人意见对执行案件的监督、防范随意终本具有重要意义，轻视、模糊化该程序相当于放松终本标准，导致终本案件进一步沉积。

(三)"终本沉积"的风险与危害

1. 阻碍执行效率的提升

根据全国法院司法统计公报,2019 年约有近 296 万件案件以终本结案、终本占结案比为 44.9%;2020 年约有近 315 万件终本案件,终本占结案比为 47%;2021 年约有近 368 万件终本案件,终本占结案比为 45%;2022 年约有近 360 万件终本案件,终本占结案比为 41.3%。从终本制度创设至今,已有大量的终本案件沉积,以上海法院为例,从 2019 年至 2023 年,共有近 36 万件案件以终结本次执行程序结案,但是通过恢复执行执行完毕实现出清的仅有不到 6 万件,通过执转破出清的更是寥寥无几。这种庞大数量级的终本案件,执行法院需要花费大量的精力去处理终本案件的财产查询、恢复执行审查、执行信访处理、执转破等问题,严重阻碍了执行效率的提升,使得执行法院难以将主要力量集中于增量案件。

2. 申请执行人信访风险

申请执行人执行信访在涉诉信访中占有较大比例。终本制度适用的泛化导致大量的有财产案件和"执行不能"案件混在一起进入终本程序。有的法官为了快速结案,以能够再次申请恢复执行或结案后会定期查控为理由,劝说申请执行人先行同意终本,以便将执行矛盾后置或转移。但是囿于模糊的立案标准以及"新官不理旧账"的错误观念,是否恢复执行依靠法院自由裁量,被认为不具备恢复执行条件的案件,实质上进入一种"准终结"的状态①,导致部分申请执行人通过向上级法院或者有关部门信访表达自己的诉求。

3. 社会治理风险

终本案件恢复执行不受申请执行时效期间限制的规定使得判决确定

---

① 参见周星星:《审视与优化:终结本次执行程序的困境与出路》,载《湖南警察学院学报》2020 年第 5 期。

的新法律关系不稳定,令执行当事人双方再次回到长期冲突状态之中。由于终本案件代表被执行人仍有未履行完毕的债务,实践上,终本案件库、限制消费人员库已经成为行政机关、事业单位、金融机构评判相对方是否有"信用"的重要参考。终本案件的大量沉积,导致大量的执行案件处于"永续待执行"的混沌状态,大量的被执行人受制于各种失信惩戒措施,处于事实破产状态。被执行人在经济活动中的长期边缘化,致使其履行能力恢复困难,对债权人胜诉权利难以落实,同时容易激化社会矛盾,对社会治理的稳定性和韧性造成冲击。

三、究因:"终本惯性"的失范与弥漫

终本出清的困境在于长年累月"终本惯性"的养成,这种惰性一方面存在于执行案件办理过程中,执行法官的终本倾向以及终本结案的泛化,另一方面存在于终本结案后,执行法院难有动力去排查、清理已经终本的案件。

(一) 制度供给不足与规范冲突

第一,终本从最初执行积案的阶段性结案方式和清理手段发展到如今庞杂的终本体系,制度规范的叠床架屋现象严重。目前,关于终本结案的裁判依据仅有《民事诉讼法解释》,但是关于终本结案的条件、财产调查的方式、终本前应当进行的必要措施等均以通知、意见等形式出台了诸多规定,各地法院也根据自身需要出台了相关指导意见,这些规定由于出台背景的不同、所要解决的问题不同,在价值取向上存在差异,规范间的相互冲突也就不可避免。以《严格规范终本规定》和《进一步规范执行工作通知》为例,《严格规范终本规定》规定终结本次执行程序的案件应当是自执行立案起超过3个月的案件,而之后出台的《进一步规范执行工作通知》则取消了3个月的限制,仅要求加强对不满3个月即终本案件的抽查力度。

第二,由于终本标准的模糊性、自由裁量权等因素,相比于处置相

关财产的烦琐程序和可能面临的风险，终本案件的合规成本实际上并不高。以线下传统调查为例，终本案件抽查仅能对执行法院是否采取过传统调查进行检查，但无法对调查成效、调查是否到位进行评判，许多案卷中仅有被执行人住所门牌号、路牌等照片材料，与被执行人的谈话笔录及询问居委、邻居、物业的记录等能够真实反映被执行人财产情况的记录则较少。虽然终本结案已设置了一系列的严格程序及"必选动作"，但这些多为形式要件。在与执行法官访谈中，发现除能够直接通过扣划银行存款、网络资金实现执行完毕的案件外，终本结案相比于促成双方执行和解、处置查封财产等，是一种相对"轻松"的结案方式。

综上所述，各种层级制度规范的叠床架屋、终本结案条件的轻实质而重形式，为"终本惯性"提供了合法出路，在源头上增加了终本案件量。

（二）人案矛盾与不合理的考核评价

第一，大量的新收执行案件与紧缺的执行办案力量是造成执行法院"终本优先"倾向的重要原因。根据全国法院司法统计公报，2019年至2022年，每年新收的首次执行案件数量分别为645万件、650万件、850万件、851万件，执行法院消化这些逐年递增的新收案件尚且艰难，更罔论出清已经办结的大量终本案件。人案矛盾在一定程度上是执行案件的信息化、集约化程度不足造成的，执行干警耗费在制作文书、满足执行系统程序要求等程序性工作上的时间较多，查人找物、协调沟通等有效时间较少，许多的执行案件仅与申请执行人通过一次电话或者发过一次短信即终本结案。为了能够尽快处理新收案件，在发现被执行人无可以直接扣划的财产后，将案件转入"拟终本状态"，在形式上满足各项标准即行报结。

第二，违背执行规律的考核评价也强化了执行法院"快执快结"的办案倾向。虽然在法院执行条线上已多次强调不再对结收比、结案率等指标进行考核，但是执行案件作为法院整体案件量的一部分，在全院考核时仍有不小的结案压力。

财产挖掘、财产处置、执行和解等工作本身耗费办案精力和时间,在工作业绩、晋升考核的压力下,选择性执行、财产调查形式化、先终本后处置财产的现象将一定程度存在。

综上所述,缺乏化解人案矛盾的有效工具以及不合理的考核评价共通促成了一种"快执快结"的办案方式。这种办案方式,仅看重被执行人是否有可供直接扣划的现金,而忽视了对被执行人其他财产线索的挖掘,在财产种类极其丰富的当下,这使得许多原本可以执行完毕或者和解的案件进入终本程序,给终本案件清理带来极大压力。

(三)终本案件的"善后"不足

目前,终本案件的"善后服务"主要有两个方面:一方面是人民法院依职权进行的终本后的统一财产查询即终本案件的动态管理,另一方面是申请执行人发现财产线索后的申请恢复执行。

《严格规范终本规定》第9条规定,在终本后5年内,应当每6个月查询一次被执行人的财产。终本后的动态管理可以及时跟踪被执行人的财产变化,及时、高效地清理终本案件,不少申请执行人基于对结案后财产统查的信任,在首次执行时同意终本结案。然而,实践中,基于动态管理而恢复执行的案件占比极低,该条款的运行效果一般。一是财产统查结果反馈不及时。实际承办执行案件的法院难以第一时间知悉被执行人财产状态,无法及时启动相应控制措施防止财产转移。二是财产查询结果告知不到位。根据《严格规范终本规定》,执行法院应当将终本后的统一财产查询结果告知申请执行人。这样一方面保障了申请执行人的知情权,另一方面也强化了当事人对执行工作的监督。但是,由于缺乏明确具体的告知方式和程序,个别执行法官通常会基于自身判断进行选择性告知,告知程序的随意性较强。三是系统运行负担大。面对巨量的终本案件数量,统一财产查询使得系统不堪重负,经常出现由于系统负荷过载而无法反馈结果的情况,导致终本动态管理实际执行效果不尽如人意。恢复执行机制本能够成为终本出清的重要路径，但是在运行中同样也存在标准不明确、自由裁量权、随意性大等问题，在执行信访中有很大一部分的诉求是要求恢复执行。

综上所述，终本案件的"善后"机制运行不畅，进一步加强了终本案件的沉积，特别是对于一些可能全额履行或者部分履行的终本案件，因为财产查询及恢复执行不到位而无法实现出清。

（四）执行不能退出机制的失效

终本出清的对象主要包含两类案件：一类是具备履行能力的案件，以执行完毕的方式实现出清；另一类是执行不能的案件，以执转破、终结执行等方式实现出清。如果说第一种方式尚且能够承担一部分清理工作，那么第二种方式在实践运用中可谓阻力重重。

首先，执行不能案件的退出困难很大一部分原因在于社会对"永续执行"的朴素期待，债权人从情感上很难接受自身债权的消灭。以执转破案件为例，很多具备破产条件并已经移送破产审判部门的案件，常因为债权人撤回破产申请而终结破产程序。究其原因，多是申请执行人出于对被执行人宣告破产后其未清偿债权将被消灭的担忧。债务本身并不会因为时间经过而消亡，然而在资源有限的前提下，"永续执行"的要求会减损执行机构处理新增债务的力量，同时"永续执行"的观念也会让当事人怠于行使权利，极有可能错过最佳执行时机。

其次，破产本身程序繁杂。如此巨量的终本案件即使只有一小部分进入破产程序，在现有条件下破产审判部门也难以承受。加之，进入执转破的被执行人本身资产状况较差，难以调动破产辅助机构参与破产工作的积极性。根据一项调查研究显示，2020年全年上海法院共终本结案7.5万件，其中，以企业为被执行人的有2.7万件，但进入执转破程序（立有破申案号）的有315件，真正进入破产程序的仅有111件。[①] 在目

---

① 参见周圣：《执行案件移送破产审查制度的法经济学探索——基于上海法院"执转破"运行态势之实证考察》，载《中山大学法律评论》2023年第2期。

前条件下，执转破只能作为特殊案件的矛盾化解机制，难以起到消化终本积案的效果。

最后，终结执行制度功能的错位也极大影响了执行不能案件的退出。在个人破产制度尚未建立的背景下，终结执行在个案中的功能类似于个人破产制度，能够清理很大一部分执行不能案件。终本程序诞生以后，很大程度上替代了终结执行的制度功能，2022年上海法院终结执行结案占比30.13%，并且大部分二级结案方式是和解长期履行或申请执行人撤回执行。执行法院为了形式上满足债权人对"永续执行"的期待，对于很多被执行人丧失劳动能力、无收入来源、丧失生产经营能力等执行不能的案件以终本结案，导致终本案件数量畸高。但事实上，终本显然不是真正的退出机制，仅仅发挥部分中止执行的功能。①

综上所述，"永续执行"的认识偏差、执转破程序及其他执行不能案件退出机制的失效，导致大量本能够实现出清的案件阻滞于终本案件库。

四、对策：做好"终本"的截流与开源

"终本"的截流是指通过执源治理、优化执行系统、强化执行监督等方式减少终本案件的增量，开源是指通过有财产案件的恢复执行、执行失能案件有序出清等方式清理终本案件的存量。做好终本的截流与开源，有助于终本案件在源头上有序可控、在出路上拓展通道、在流程上少进多出、在总量上不断缩减，真正实现终本制度的功能回归。为进一步加强终本案件管理，贯彻落实最高人民法院"终本清仓"专项行动工作要求，上海市高级人民法院结合工作实际，制定了《上海法院关于进一步加强终结本次执行程序案件管理的办法（试行）》（以下简称《办法》），为终本出清的规范化、制度化提供了依据。

（一）依托数字执行赋能终本出清

在数字法院建设的大背景下，终本出清工作需要依靠执行系统的数

---

① 参见谷佳杰：《终结本次执行程序废除论》，载《中国政法大学学报》2023年第2期。

字化建设,以便在终本出清工作中开展好案件的核查、清查工作。此外,还需要依靠数字赋能监管、数字赋能办案,强化执行监督、减轻办案负担,引导执行法官真正做到穷尽财产查控,勤勉尽责维护胜诉权益人合法权益,从源头上防范终本程序的滥用。一是数字赋能案件核查,确保终本案件库完整准确。终本出清的前提在于准确掌握终本案件的数量和信息,考虑到多年以来的终本案件堆积,可能存在部分重复案件、履行完毕案件、破产案件等未及时剔除终本库的情况。首先,应当借助数字化系统,将终本案件信息与履行完毕案件、破产案件、失信限制高消费库等信息进行碰撞对比,剔除不符合终本出清条件的案件并形成清单。其次,将案件清单交由各承办法院采用"系统筛查+人工核查"的方式,完成对案件清单的梳理、核查、标注等工作,其中主要涉及四类案件:罚金、没收财产、诉讼费类型的终本案件;未关联首次执行案件的恢复执行案件;涉及破产的终本案件;其他可标注实际执结的终本案件。最后,由高级人民法院统一复核,形成最终的终本出清案件清单,以根据案件具体情况研究出清方案。二是数字赋能优化执行办案模式。进一步完善格式文书制作、财产查询启动、节点录入等流程的智能化替代,以文书自动生成、一键冻结扣划、在线签发审批等辅助功能,提升执行办案效率,将执行法官从繁重的程序性、事务性工作中解放出来,使其能够将更多的精力集中于在查人找物、协调沟通上,确保有财产可供执行的案件不因为执行效率的原因而"落入"终本程序。三是数字赋能强化执行监管。当前,单纯依靠人工抽查的监管方式,已经难以适应巨量的终本案件。无论是5%还是10%的抽查比例,都难以实现对执行案件的全面监管。相比于审判案件,执行案件事实判断多于价值判断,更加符合智能化的运行场景,被执行人是否有存款未扣划、是否有财产可处置,均可以通过数据比对清晰展现。因此,需要通过完善场景应用等智能化建设,实现对每一件执行案件的数据下钻,建立智能系统审查筛选先行,人工评查复核的终本案件评查考核机制,全面排查终本结案是否符合条件,减少违规终本情况的发生。

（二）推动终本案件实质化解

终本出清需要根据不同案件的具体情况分类施策，推动终本案件实质化解。《办法》将终本出清的案件分为三类：一是有财产不宜处置的案件，二是标的额为5万元以下的小标的案件，三是长期挂账（入库超过5年）的终本案件。《办法》根据三类案件的特点制订不同的出清方案，逐步推动终本案件的实质化解。一是组织清理有财产不宜处置等终本案件。针对已查封未实际控制的财产、发现的财产不能处置的终本案件，积极落实执行联动机制，联合协执单位力量，集中查找财产线索，争取实际查控到可供执行的财产。针对轮候查封财产的终本案件，应当根据财产的权属、查封情况等因素，积极与相关单位协商共同推进财产处置与分配。针对申请人申请不宜处置的终本案件，积极约谈申请执行人并要求其说明理由，理由成立的，可推动执行和解，理由不成立的，应当积极推进财产处置。针对其他类型的有财产不宜处置的终本案件，依托交叉执行机制，通过院内更换承办法官、指定执行、提级执行、联合执行等方式，深挖执行潜力，激发工作效能，高效推进财产处置工作。二是组织清理申请标的额为5万元以下的小标的终本案件。执行标的额5万元以下的终本案件，通常执行到位率、和解率较高，此类案件的出清路径应当以执行完毕、执行和解为主。对于小标的的终本案件，一方面，积极联合公安、居民委员会、村民委员会等基层协助单位，加大线下查人找物力度，找到被执行人后做好释法沟通工作、释明被执行人怠于执行、逃避执行的法律后果；充分运用预处罚机制，督促被执行人主动履行；对于明显不配合执行或者有明确证据证明其逃避执行、转移财产的被执行人，应当运用好失信被执行人名单、司法拘留等执行措施，保持对被执行人的高压态势。另一方面，贯彻新时代"枫桥经验"，结合案件实际情况，综合判断被执行人收入情况、经济来源，想方设法运用执行和解实质化解纠纷；符合司法救助条件的，引导当事人尽快办理相关手续。三是组织清理长期挂账的终本案件。对于终本结案超过5年而无实质进展的终本案件，经过多次、充分调查后仍然没有任何财产线索的，主动约谈申请执行人，并将终本后法院后续执行工作、多次财产查询结果进行充分的告知释明，在确认被执行人"失能"且申请人无法再提出新的财产线索的情况下，经申请人同意的，在终本案件清单中标注出清。经过 5 年动态管理仍未发现可供执行财产的案件，恢复执行的可能性很小，执行工作的边际效益将持续走低，① 在《民事强制执行法（草案）》中也有相应的规定。给终本案件设定为期 5 年的动态管理期限，有助于破除"永续执行"的观念，督促当事人及时行使权利，敦促执行法院及时跟踪被执行人财产，以免错过最佳执行时机。此外，应当继续深化"执破融合"，构建符合执行案件特点的执转破程序。强化执转破的职权主义，探索职权主义移送破产模式，防范当事人恶意规避申请；构建简易破产程序，对执行程序中的财产查询结果、评估报告等在破产程序中实现互认，对于无财产可供执行的"三无企业"的破产程序进行相应程序简化，提高破产案件办理效率；探索破产程序前置机制，对于已经存在终本案件的被执行人，可以在执行立案甚至诉讼立案中即启动破产程序，将执转破变为立转破，减少程序空转，节约社会资源，提高破产效率。

（三）建立终本出清的评价机制

科学的评价机制是终本出清的质量保障，可以对执行人员形成正向反馈，确保工作取得实效。首先，应当进一步完善终本案件评查机制，控制终本增量，防止终本案件边清边积。在原有抽查机制的基础上引入智能化要素式终本核查监管模型，全面检查每件终本案件的办理质量，进一步加强对终本结案的前端提示预警，严防带财终本、违规终本；每天开展常态化抽查，对终本不合格案件进行定期通报并纳入条线考核；同时严格落实阅核制要求，明确终本案件必须由局领导审批后结案，并嵌入办案系统。其次，应当建立终本出清考核机制，确保终本出清工作

---

① 参见陈沫冰：《终结本次执行程序案件退出机制研究》，载《山东法官培训学院学报（山东审判）》2023 年第 4 期。

有序规范运行。从出清的数量、质量、效果以及当事人的感受等方面科学评价终本出清的工作质效；对于案件终本率下降明显、终本案件出清数量高、终本出清方式有创新等的法院，在年终条线考核中予以专项加分。最后，应当探索建立适应当前执行工作规律的考核机制，科学认识结案率考核的"指挥棒"作用，防止单纯强调执行结案率而将更多的案件引入终本程序的情况发生。执行案件需要更加关注执行到位率、执行完毕率、终本合格率、差错率、案访比、和解率等与执行效果、执行规范、矛盾化解相关的数据指标。

（四）建全终本案件常态化清理机制

终本案件的动态平衡需要确保符合终本条件的案件进入终本程序，有财产可供执行案件也应当能够顺利清出。一方面，需要完善结案后财产查控机制。结合各地系统硬件实际情况，构建能够持续有效运行的终本后财产定期查询系统。应当严格落实《严格规范终本规定》的要求，以终本案件结案日期为起算点，每6个月发起一次查询，分散每次查询的案件数量，防范服务器过载情况的发生，也可以考虑引进区块链技术，通过分部式储存、自动化查询匹配、点对点结果反馈结果等方式改进财产查询机制。此外，还应当切实保障申请执行人的知情权，在查询结果的告知程序上，以申请执行标的的百分比设定告知阈值，一旦财产价值高于设定阈值，应当将具体财产信息自动告知申请执行人，以督促及时采取相应措施，如未超过，也应当将相关情况告知申请执行人。提升查询结果反馈效率，建立扁平化反馈机制，将查询结果直接与终本案件承办人的执行系统相关联，使其能够第一时间采取相应措施。同时，优化发现财产后的冻结、扣划机制，必要时可以先行冻结再恢复执行，防止财产转移。另一方面，应当规范恢复执行审查机制。制定恢复执行立案标准，纠正以往恢复执行标准混乱、自由裁量权较大等问题，确保符合条件的终本案件应恢尽恢。建立恢复执行统一审查机制，实现终本案件恢复执行的统一申请、统一审批，有效解决恢复执行申请难、"新官不理旧账"等问题，改变以往恢复执行审查权限过于分散的局面。此外，还应当建立相应救济机制，申请执行人如果对执行法院恢复执行审查结果不服，可以向上一级法院提出救济，以解决目前常见的以信访代替救济的情况。

（五）加强社会协同，凝聚终本出清工作合力

切实解决执行难的实现有赖于全社会的综合发力，执行工作需要积极践行"枫桥经验""丽水模式"，依靠党委领导的政治优势、组织优势和密切联系群众的优势，充分发挥基层党组织的战斗堡垒作用，将清理执行积案融入日常基层治理中去。一方面，终本出清需要依靠各级党委、政府、行业协会，充分调动人民调解、行业调解、司法调解等社会力量参与纠纷化解，深化执行联动机制，共同构建"一处失信，处处受限"的失信治理大格局，及时惩戒、查处一批有财产而拒不履行的被执行人；另一方面，还需要坚持善意文明执行理念，优化法治化营商环境，对于有履行能力和还款意愿的当事人，灵活采取执行措施，尽力促成执行和解，在全力兑现胜诉当事人合法权益的前提下，最大限度护航被执行人的正常生产经营。

终本案件清理的实证分析、制度检视与构建

刘拥建[*]　钟瑛嫦[**]

摘要：当前，全国法院系统开展的"终本清仓"活动是推动终本积案实质化解的重要工作，旨在对执行积案"包袱"减负释压，将有限的司法资源集中于有财产案件，推动执行工作高质量发展。2008年最高人民法院在全国开展为期1年多的集中清理执行积案活动，时隔16年，法院系统再次面临终本积案难题。本质上，清理专项活动具有阶段性特点，缺乏制度化和常态化。如何从阶段性清理转变为制度化出清值得进一步思考。本文也将从出清的实证分析角度梳理当前终本制度在运行中存在的不足和问题，辩证看待终本制度的功能和缺漏，提出"终本入库"和"彻底终结"两个阶段基本设想以及设计相应的实体要件和程序要件标准，以期厘清制度构建的方向。

一、终本案件出清的类型化实证分析

本文主要以广西部分法院终本案件情况作为分析对象，根据相关数据反映，终本案件中分布较为集中的有小标的案件、信用卡纠纷案件、涉房地产案件，从被执行主体和执行内容看，刑事涉财产执行案件、涉

---
[*] 广西壮族自治区高级人民法院审判委员会专职委员，二级高级法官。
[**] 广西壮族自治区高级人民法院执行局综合处副处长，四级高级法官助理。

企业案件具有一定特殊性,且占有一定比例,按照从"典型到非典型""集中到分散"的实践逻辑,以上类型应成为优先考虑出清的类别,从研究层面而言其亦是从个类窥探到整体考虑、从实证剖析到制度反思重构的重要切口。

(一)小标的案件

该类案件主要有案情简单、标的额相对较小(按照调研区域的经济标准,界定在5万元以下),当事人以自然人为主,案由主要集中在民间借贷、买卖合同、支付赡养费扶养费、支付劳动报酬以及人身损害赔偿纠纷以及部分罚金案件中。梧州市岑溪法院2021年至2023年,小标的终本案件中,借贷纠纷占该院终本案件总数的25%。

该类案件终本的主要原因如下:一是查找被执行人难。大部分被执行人从户籍上判断虽然属于执行法院管辖范围的本地人,但是实际上长期外出务工且经常更换地址和联系方式。此种情况下,尽管被执行人户籍地所在村民委员会、社区协助调查,也难以及时获得准确信息。二是财产难寻。该类案件被执行人属于自然人的,通过线上查控通常较少发现有财产。被执行人为个体工商户、个人独资企业、有限责任公司的,通常名下已无足额资产清偿债务,对于相关经营者、股东或实际控制人的财产查控面临与一般自然人的财产查找同样困境。三是财产不宜直接处置。对于能够查控到财产的情况,所查封的财产以不动产居多,其价值远大于执行标的,此种情况下,执行法官为避免双方权益失衡,一般暂缓处置寻求替代解决方案。

从主、客观方面进行分析,小标的案件所涉案由以民事纠纷为主,自然人履行债务能力不一,有一定履行能力而不主动履行的被执行人通常怀有侥幸逃避心理或不了解相应的法律责任和风险,在居民信息登记平台与执行查控系统未实现互联互通的情况下,形成长期躲避执行的现象。同时,小标的案件中的人身损害、侵权以及交通事故等案由纠纷具有偶然性,当事人的风险预防意识等方面与其责任后果的承担能力通常呈正相关关系，对判决义务缺少相应履行能力的情况亦为多数。

综上分析，小标的终本案件的清理应当遵循其特点规律以寻求相应的解决路径。处理思路主要为：（1）小标的案件履行负担相对较小，通过找到被执行人进行教育或分情况采取强制惩戒措施，基本能够达到主动履行的效果，由此，解决该类案件关键步骤之一为查找到被执行人，而线下查控是重要的查找措施①。该问题主要需要解决跨省市查找被执行人问题，当前，部分法院通过市一级党委、政府大力支持，实现联动市、县、乡镇三级领导干部、基层或社区组织协助找人，帮助该类终本案件的出清，取得了不错的效果。但该做法仍具有局限性，对于当前外出务工人员流动性大的社会形势而言，在一市一区形成的被执行人查找协助不能解决根本难题，需要从制度上建立公民住址、联系方式等相关基本信息与执行查控系统的互联互通和相应管理机制。（2）对于部分经过调查确认被执行人基本不具备劳动能力或者生活非常困难从长期来看已无能力清偿所负债务的，且申请人一方也面临生活困难的，基于标的额相对较小，可以尽可能通过司法救助以及当地各类救济渠道对所涉申请人进行全额救助或较大比例的救助。上述两种处理的结案方式分别为：一是履行完毕后以执行完毕退出终本；二是双方达成和解协议长期履行，案件以终结执行退出终本；三是获得救助后的申请人通过撤回或撤销申请执行，案件以终结执行退出终本。

（二）信用卡纠纷案件

从调查反馈情况看，该类案件存在被执行人常驻本市的较少、"一人多卡"形成的"一人多案"现象普遍、申请执行主体较为集中、执行案件受理法院相对集中等特点。因被执行人遍布全国各地，查找成本以及难度较大，以梧州长洲法院为例，近三年，长期无法查找到被执行人及

---

① 调研中了解到，梧州市苍梧法院通过建立专门的外勤团队开展线下查控，联合基层一线力量，借助乡镇干部、村民委员会干部、网格员等力量协助，尽可能调查被执行人实际财产情况，很大程度上解决了小标的案件的履行问题。该院在2024年第一季度执行到位率达86.02%，执行完毕率达80.7%。

其财产的信用卡纠纷案件约占35%。

该类案件终本的主要原因有,一是经过网络以及有限的线下查找,较难发现被执行人有财产可供执行,囿于现行执行查控系统对小额电子资产的发现能力不足,未能覆盖新型财产,且被执行人横跨区域范围较大,线下开展查找也较为有限。二是金融机构的源头防范不足。(1)银行金融机构对于信用卡发放有其债权回收风险评估,即对不良率与回收率的权衡,在金融机构认为其可控分风险范围内,客观上存在一定不良债权,即意味着该类纠纷进入司法执行程序后,无财产可供执行而终本案件有一定数量。(2)信用卡纠纷案件的持续增长[①]也反映出银行金融机构对于信用卡申领的审查不够严格,导致大量不具有经济实力或不信任人员超前消费,从源头上造成判后执行阶段的"执行难""执行不能"。(3)虽然银行金融机构自身有相应处理呆账、坏账的程序机制,但是按照惯例,银行金融机构启动核销程序需以司法程序相关裁定作为依据,导致该类案件较难经过非司法程序处理。同时,金融机构追收债权程序性强,内部管理有所限制,较难促成双方就借款利息、分期履行等达成和解。(4)银行金融机构现有机制未能有效压实自身自行催收责任。从实践情况看,客户逾期还款,商业银行主要通过短信和电话方式进行催收,很少采用"面对面"方式与客户协商还款,自行催收流于形式,加之50%以上逾期客户变更预留联系方式导致失联,监管部门又限制商业银行自行获取逾期客户其他联系方式,致商业银行不将联系客户自行催收作为工作重点,而轻易转向诉讼清收。[②]

综上分析,信用卡纠纷终本案件的出清应遵循以下规律:一是进一步优化信用卡呆账、坏账的管控处理机制。建议金融监督管理部门、中

---

① 2018年至2022年全国法院共审结一审信用卡纠纷307.8万件,占银行全部起诉案件的37.3%,占全部金融商事案件的28.2%;2022年审结79.2万件,所占案件比例较2018年增长了77.5%。截至2023年2月底,全国信用卡逾期客户数约2976.64万人,潜在纠纷案件数量巨大。参见《最高人民法院关于完善信用卡监管政策维护金融安全的司法建议书》(法建〔2023〕2号)。

② 参见《最高人民法院关于完善信用卡监管政策维护金融安全的司法建议书》(法建〔2023〕2号)。

国人民银行进一步研究信用卡透支款项呆账核销条件，切实改变实践中简单将司法文书作为核销依据、前端发卡审核环节无责任追究的状况，推动完善信用卡从发卡授信到坏账核销的有效管控机制。二是加强银行金融机构解纷和自行催收能力。例如，建议金融监督管理部门支持银行开展失联客户信息修复工作，促推银行与三大电信运营商等建立常态化失联修复机制，尽量避免因未适当修复造成客户失联而导致银行债权落空。同时，健全完善信用惩戒措施，推动修改《征信业管理条例》第16条的刚性规定，在一定程度上允许信用卡逾期客户通过主动还款修复不良征信，实现最大限度化解纠纷和保障金融债权。

（三）涉企业执行案件

涉企终本案件以被执行人为企业的案件为研究对象。涉企终本案件总量与涉自然人案件量相对占比小，但该类案件被执行人作为经营主体，其债务清理有相对完善的处理机制，应当依托现有制度，通过优化重组或退出市场推动资源高效分配流动。从近期梳理的同一企业被执行人涉及终本案件超过100件的情况看，终本时间跨度在2~8年，南宁辖区法院共筛查6703件，涉及企业71家，其中涉房地产企业房屋买卖合同纠纷案件占较大比例，部分涉及投资管理公司借款纠纷案件以及少量涉租赁公司租赁合同纠纷、生产制造行业企业劳动争议纠纷等。从终本后至筛查前的动态情况看，进入破产程序共22家企业，所涉案件1553件；6家企业共51件案件达成和解协议分期履行终结执行；11家企业终本后继续履行，225个案件执行完毕。约4700件案件仍处于终本且未进入破产。柳州、梧州辖区案件量相对较小，柳州辖区法院共筛查2403件，涉及企业41家，其中，进入破产程序共17家企业所涉案件1176件；11家企业共212件案件达成和解协议分期履行终结执行；2家企业终本后继续履行，106个案件执行完毕；约908件案件仍处于终本且未进入破产。梧州辖区法院共筛查753件，涉及企业12家，以本土企业为主。其中，进入破产程序仅1家企业，所涉案件5件；约748件案件仍处于终本且未进入破产。

　　从以上数据看，涉企终本案件存在以下特点：一是终本时间长，且终本后继续履行或达成和解的案件占比较低；二是部分终本案件企业主体存在失去经营资格可能性；三是终本后长期处于停滞状态案件占比较大，转入破产程序比例仍很小；四是所涉企业主要集中在房地产行业，个别区域基于当地经济发展特点，主要集中在生产制造行业。经过调查了解，涉企终本案件转破产存在的困难有：主观上，企业或当地政府仍未能正确看待破产制度，"谈破色变"现象仍存在，债权人或债务人主动申请破产的案件仍不多；客观上，"无产可破"案件存在破产管理经费支付难问题，涉企终本案件通常经过查控后已无财产可供执行，企业自身无法提供启动破产程序经费，即使进入程序，法院亦较难推进选任管理人等工作。

　　经营主体自身具有自救和发展前景预判能力，产生大量债务后是选择继续经营还是清产核资退出市场，在经过一定时间后基本有确定结论。由此，对于长时间无能力或无财产清偿债务的企业，经过核实相关情况后，应当及时启动破产退出程序。涉企业终本案件的出清应遵循以下原则：一是针对"不愿破"问题，要加强与债权人、债务人以及当地政府沟通，在加强"执破融合"专业团队建设的基础上，通过采取制度阐明、典型案例演绎、解惑答疑等方式缓解、消除各方对破产制度以及债务免责制度的误解，推动涉企案件能够准确适用程序及时予以救治或清理。其中，对于较为集中的涉房地产案件，既涉及群体性生存、居住基本权益，又交织多重风险，遵循依法治国理念，亦应当确保在现有法律框架制度内妥善解决，破产制度的运用尤为重要。二是针对"不能破"问题，即破产程序启动难问题，可以探索由税务部门作为税收债权人启动破产程序，① 推动政府财政支持设立破产专项经费或建立公益破产管理人制度

---

① 调研中了解到，梧州中院在推动执转破工作中针对债权人、债务人不愿意提起破产申请的情况，主动协调税务、海关等部门作为税收债权人和罚金债权人协助启动破产审查程序，有效扩充破产案件启动渠道。

提供经费保障。三是针对动态更新企业状态问题，市场监督管理部门能够掌握企业撤销、注销、吊销等状态信息，执行法院应与该部门建立联动，通过移送终本企业名单由该部门核查最新状态，如符合被撤销、注销、吊销营业执照或歇业、终止后既无财产可供执行，又无义务承受人，也没有能够依法追加变更执行主体，应及时依法终结执行，避免长期滞留终本案件库，造成司法资源浪费。

(四) 刑事涉财产执行案件

刑事涉财产执行案件主要是执行法院对生效刑事判决中有关罚金、没收财产、责令退赔、追缴违法所得等内容的执行。从梧州辖区法院数据统计情况看，罚金共 45011 件，追缴违法所得 286 件，责令退赔 227 件，没收财产 65 件。罚金所占比例远大于其他类型。

《刑法》第 64 条规定，犯罪分子违法所得的一切财物，应当予以追缴或者责令退赔，对被害人的合法财产，应当及时返还，违禁品和供犯罪所用的本人财物，应当予以没收。没收的财物和罚金，一律上缴国库，不得挪用和自行处理。由此可以判断，追缴违法所得、责令退赔属于对涉案财物处理的措施。罚金和没收财产属于附加刑种类中的类型。《刑法》第 53 条规定，对于不能全部缴纳罚金的，人民法院在任何时候发现被执行人有可以执行的财产，应当随时追缴。《刑法》第 59 条规定，没收财产的范围是指，没收犯罪分子个人所有财产的一部或者全部，没收全部财产的，应当对犯罪分子个人及其扶养的家属保留必需的生活费用。从最高人民法院"对判处没收部分财产"的释义来看，其强调没收部分财产刑适用于在判决时已经查明和认定的被告人合法财产，明确没收的具体财物或者金额确属必要。该释义虽然仅强调"没收部分财产"的情形，但从判决判项内容必须明确具体的基本原则看，没收财产不管是部分还是全部，均应指向在判决时已经查明和认定的被告人合法财产，以此作为执行法院的执行对象和范围。

根据上述分析，对于刑事涉财产执行案件终本后的清理应遵循以下原则:一是财产刑实质上是犯罪分子对国家所负的债务,而国家对犯罪分子享有公法上的债权,该类公法上的债权实现与通过民事强制执行实现私法债权遵从同一原理。因此,对于罚金的执行与民事案件财产执行程序上并无差别,不同的是,被执行人通常已经受到监禁和管控,并且财产刑的履行与主刑减刑假释有所关联,执行法院能够通过释法说理、教育引导的方式督促被执行人或其家属履行义务。同时,从更有利于被执行人重新融入社会的角度,对于服刑期间表现良好,经查控暂无财产且当事人履行能力有限的情形,可以参照终结执行中的"生活困难无力偿还借款,无收入来源,丧失劳动能力"情形综合考量作出终止执行裁定。二是对于没收财产附加刑,因需以判决时查明的财产为事实依据,而理论上审判中所查明财产应当已同时采取查封、扣押措施,进入强制执行环节不存在"查找不到财产"而终本的情形。因此,即使由于前序侦查、审判过程中未能对所涉财产进行实际查控,案件进入执行程序经查找后确无财产的,应当以实际情况作出无财产的判断并终结执行。同理,责令退赔与追缴违法所得作为判决认定犯罪事实的组成内容,对于责令退赔、追缴违法所得均已查清和明确,而该类事实的查明建立在公安侦查阶段、检察院补充侦查、法院审判过程的补充取证等措施基础上,理论上在执行环节主要是移送上缴国库,对于该类事项的执行亦不可能出现"查无财产"而终本的情形。由此,对于刑事涉财产执行中的没收财产、责令退赔、追缴违法所得的执行终本案件,应当联合公安、检察等部门出台相关清理机制。

二、从终本出清到制度检视

(一)终本制度的产生及发展

终结本次执行程序作为执行结案的方式之一,是因应执行难、执行不能等客观执行障碍以及内部规范管理之需求而产生。执结率长期以来作为对执行工作效果的考评指标之一,要求案件应当在必要的执行期限内执行结束，主要保证民事诉讼周期的合理、程序的高效，树立法律的权威。1998年，最高人民法院出台《关于人民法院执行工作若干问题的规定（试行）》，该规定第107条、第108条增加了有关执行结案的内容，总结了几种结案方式以及执行期限，对于被执行人确无财产可供执行的情形规定采取执行中止[1]的方式予以规范，故而彼时的结案方式并不包括终结本次执行程序。而在执行实践中，确实存在按照执行程序要求，履行法定执行手续，采取相应强制措施，案件无法执结的情形，被执行人或者确无财产可供执行，或暂无履行能力以及受限于查人找物的条件等，此种情形日积月累演变成大量的"执行积案"。为解决积案问题，各地探索清理方式和退出机制，有的法院借鉴我国台湾地区的债权凭证制度，对无财产可供执行案件，经过严格的财产调查程序后，终结案件并向债权人发放债权凭证。[2] 2008年，最高人民法院在全国开展积案集中清理活动，经过一年探索，2009年总结经验并在《关于规范集中清理执行积案结案标准的通知》中推出"终结本次执行程序"这一新的结案方式并规定7种无财产可供执行的具体情形。2014年，最高人民法院公布《关于执行案件立案、结案若干问题的意见》，该意见有关终本的规定大部分吸收了上述2009年通知的内容，同时用列举方式明确裁定终本必须完成的调查行为，确保被执行人确无财产可供执行。2015年《最高人民法院关于适用〈中华人民共和国民事诉讼法〉的解释》（以下简称《民事诉讼法解释》）第519条专门规定了终结本次执行制度，该条规定："经过财产调查未发现可供执行的财产，在申请执行人签字确认或者执行法院组成合议庭审查核实并经院长批准后，可以裁定终结本次执行程序。依照前款规定终结执行后，申请执行人发现被执行人有可供执行财产的，可以再次申请执行。再次申请不受申请执行时效期间的限制。"从《民事诉讼法》的立法角度，终本程序被定位为一种特殊结案制度，设计特定的程序要求并明确产生的法律后果，强调可再次启动执行程序的特性。

---

[1] 《最高人民法院关于人民法院执行工作若干问题的规定（试行）》第102条。
[2] 参见童兆洪、林翔荣：《论债权凭证制度的实施》，载《人民司法》2001年第4期。

(二) 终本制度的辩证看待

终本程序的创设源于化解积案，经过较长时间司法实践以及司法解释等规则层面的修补完善，已初步建成相应的制度体系，包括终本案件的结案审批、事后管理、恢复执行制度等。终本结案本质上是针对暂无财产可供执行案件的阶段性暂缓执行，某种程度上从法院高频率地依职权执行转变为有限度地启用执行资源，推动了本该由债权人承担的市场风险向债权人合理回归，为法院无财产可供执行案件逐步退出执行程序提供了合法依据。

然而，终本案件持续快速增长、执恢案件量占比低、当事人对终本案件不满情绪、专门开展大规模专项清理活动等现象反映出终本制度仍存在缺漏，实际运用效果与预期相比仍有差距。

1. 管理上存在疏漏

从专门清理活动对象和内容看，排查实际执结但案件状态仍显示为终本的案件成为清理的内容之一，主要原因为部分案件存在未进行信息关联或信息更新，比如，恢复执行案件未与实施案件进行关联，有的案件终本后虽未恢复执行，但当事人已自行履行完毕、达成和解、放弃债权的，在实施案件中未及时作相应处理。反映出法院系统对于终本案件的办理存在程序失范和管理上的疏忽。

2. 终本程序异化为部分法院达到执结率目标的工具

近年来，部分法院在执行工作指标考评管理中未能平衡执结率与终本率的关系，在源头上偏重于执结率而主要通过事后评查监督的方式控制终本案件质量，又基于终本结案从程序上仅需本院院长审批，在此程序设计中，部分执行法院在面临采取执行完毕、终结等方式结案难度相对较大的情况下，易通过提高终本案件比例来达到提高执结率目标，进一步导致终本案件库数量呈现出持续增长态势。

3. 入库条件设计不够周延，实体和程序标准均有待完善

根据本文第一部分终本出清的实证分析，长期以来，终本案件库存

量大以及持续的增长幅度已经引起各地法院的关注并且探索多种途径进行逐步清理。从部分法院实践经验看，出清实质上是对终本案件是否确无财产、是否确无履行能力的进一步确认和处理，或建立与其他制度衔接实现退出终本，反映出两个层面的问题。一方面，执行法院对"无财产可供执行案件终结本次执行程序"的程序标准和实质标准把握不一、不严；另一方面，终本入库条件的设立本身仍过于抽象化，未能针对不同类型执行案件设定相应的门槛条件，程序性要件方面仅限于内部审批，缺乏外部监督，导致在一定程度上流于形式。

4. 终本案件缺乏向彻底终结的转化

无财产可供执行而裁定终结本次执行程序的制度设计的初衷为，如实反映法院"客观执行不能"，让无法通过执行法院努力加以解决的执行案件暂时退出。该定位也形成终本制度明显的阶段性而非终局性的特点，比如，《最高人民法院关于严格规范终结本次执行程序的规定（试行）》第9条第2款规定："终结本次执行程序后的五年内，执行法院应当每六个月通过网络执行查控系统查询一次被执行人的财产，并将查询结果告知申请执行人。符合恢复执行条件的，执行法院应当及时恢复执行。"按照该条款内容，案件终本超过5年的情形，法院无须依职权进行财产查控，而同时规定的"申请执行人发现被执行人有可供执行财产的，可以向执行法院申请恢复。申请恢复执行不受申请执行时效期间的限制。执行法院核查属实的，应当恢复执行"表明即使终本时间超过5年，当事人仍有启动恢复执行的权利，该制度设计导致终本案件处于无限期的执行状态而难以终局，案件积压增长势所必然。

5. 终结制度未充分发挥效用，部分案件或者符合终结要件但未予查明即适用终本程序予以代替

前述终本案件清理实践，包括进一步查明确认被执行人是否符合"因生活困难无力偿还借款，无收入来源，又丧失劳动能力"情形并作出"执行不能"认定进而完成出清的措施，该做法本质上属于对法定终结执

行情形[1]的适用。又如，作为被执行人的企业法人或其他组织被撤销、注销、吊销营业执照且无追加变更执行主体的，被执行人死亡或主体灭失的、追索赡养费、扶养育案件的权利人死亡的，分别属于法定终结执行中相应情形。该类案件应终结未终结而长期滞留于终本案件库中，一方面反映出执行法院在调查相关事实中未尽职责，另一方面也暴露出终本案件缺乏动态管理，法院与相关信息部门联动不够，入库后被执行人情况核实尚未形成自动批量报送和反馈。

三、健全完善终本制度的设想

（一）"两个阶段"的设想

回到终本制度的设立宗旨，其本身功能在于在排除其他结案情形下，对于在一定期限内执行法院用足用尽方法措施但受限于执行条件与环境，未能发现被执行人有可供执行财产、未能控制被执行人以督促履行的案件，按照资源优化分配原则，应当轮候于新立案件予以执行，即"暂时退出执行"。而暂时性意味着系阶段性处理，并不具备终局性意义，从程序完整性角度看，应当存设终本后下一个阶段即终局阶段。由此，终本可分为两个阶段，一是入库，二是彻底退出。

第一阶段为对无财产可供执行的初次判断，是经过筛查后进入终本库，该阶段需要排除可终结案件，经过联动后可执行完毕案件，以及排除因执行标的、对象特殊而禁止适用终本程序的案件。有的入库案件囿于追查技术、条件和环境不成熟，导致法院对当事人财产情况的确认缺乏相应证据，该类案件应当在终本库中予以标记，在相关客观因素消除或得到一定程度解决后，进行重点查控。也由此，在该阶段中，法院应保留依职权启动强制执行程序的空间，包括采取自动查控的直接措施和拘留、罚款、作出失信惩戒决定等间接措施。

---

[1] 《民事诉讼法》第268条第5项、《最高人民法院关于执行案件立案、结案若干问题的意见》第17条第1款第5项。

终局阶段的设计依赖于执行追查时效制度的创设，即法院经过一定时间不间断查找、查寻，仍未能发现当事人有可供执行财产的，应当终止执行程序，依照相关程序进行审查后作出终结执行的结论。有的观点认为，此类案件大概率被搁置，故即便没有执行追查时效制度，多年积案也不会给司法系统造成沉重负担。积案作为长期较难破解的案件，仍受司法机关管辖，若无追查时效制度，司法机关依法仍有继续关注和查控的义务，由此亦需要配置相应的人力和物力挤占司法资源。同时，追查时效制度还有"导正纪律功能"①，即督促法院、检察机关等关联部门采取迅速、及时和经济的程序实践，以避免执行程序因追查时效经过而终止，将不能追查视为负面后果，倒逼司法机关及时追查、"执行难"综合治理相关参与主体及时帮助改善执行条件和环境。

（二）终本彻底终结的可行性论证

从司法资源有限性以及司法经济层面进行考量，刑事追诉时效制度对于执行效率制度设计有一定的启发。德国学者 Mitsch 认为，"在法定准则的统治下和全面和最优真实发现的义务的支配下，时效经过后行为人的不可追诉性意味着司法的减负"②。也有学者准确指出，"现代刑事诉讼应当以正当、迅速解决刑事案件为目的，不仅要求查明案件的事实真相，惩罚犯罪和保障人权。而且要求迅速、及时地执行刑事程序，使案件在合理的时间内得到解决，以实现诉讼的高效化"③。

强制执行追查与刑事追诉有相似之处，均表现为通过公权力运用侦查手段查明相关事实，采取相关强制措施，维护公民合法权益。相异之处为，二者所处司法阶段不同，刑事追诉为追究刑事责任，强制执行追

---

① 参见徐万龙：《论刑事追诉时效的本质：一个刑法和刑诉法交叉的视角》，载《中国政法大学学报》2024年第1期。该文中"导正纪律功能"是指"督促警察、检察机关以及法院采取迅速、及时和经济的程序实践，以避免刑事程序因追诉时效经过而无法启动"，该概念引自 Mitsch, § 78 Verjährungsfrist, MK-StGB, 4. Aufl., 2020, Rn. 4.

② Mitsch, § 78 Verjährungsfrist, MK-StGB, 4. Aufl., 2020, Rn. 4.

③ 谢佑平、万毅：《法理视野中的刑事诉讼效力和期间：及时性原则研究》，载《法律科学》2003年第2期。

查为兑现生效判决确定的利益，按照举重以明轻原理，刑事实体责任的追究犹可以设计时效终止机制，强制执行终止并非否定当事人实体权益，是在实现债权上退出国家干预，由当事人承担一定的执行不能社会风险，故而参照刑事追诉时效制度，在强制执行中设置追查时效，亦具有正当性和合理性。同时，追诉时效制度是诉讼中迅速原则的具体体现，该原则要求在相应诉讼程序中，相关案件应当在合理的期限内被处理和决定。而肯定迅速原则在一定意义上具有维护社会秩序安定性的价值。

从域外看，亦有相关实践经验可以参考借鉴，例如瑞士在《瑞士联邦债务执行与破产法》第 3 章"资产扣押式债务执行"第 2 节"变价"的最后部分，以第 149 条、第 149a 条①规定了执行无结果证明的签发、效力等内容。按照该规定，执行不能的数额一旦确定，执行事务局就签发执行无结果证明，债权人凭借该证明可以向债务人主张权利，但该证明的有效期限为 20 年，债务人死亡的，这一期限最长延续到继承开始后 1 年。从瑞士的相关规定来看，出具执行无结果证明后，债权人可以行使的权利包括：证明送达后 6 个月内，可以要求继续执行而无须新的支付令；可以提起确认无效之诉，撤销债务人在一定期限内所实施的无偿交易行为。债务人则可以在任何时候向出具证明的执行事务局支付款项清偿债务，履行完毕后可以要求撤销在登记册上的登记。在资产变现不足的情况下，债务人要承担相应的不良后果，如禁止担任公职、从事须经特别批准的职业和活动。

四、具体机制的补充

（一）终本结案的实体标准

从目前我国相关法律、司法解释看，终本的要件中用尽措施的要件包括，已穷尽财产调查措施，已向被执行人发出执行通知、责令被执行

---

① 参见刘汉富译：《瑞士联邦债务执行与破产法》，载最高人民法院执行工作办公室编：《强制执行指导与参考》（2003 年第 1 辑），法律出版社 2003 年版，第 399 页。

人报告财产，已向被执行人发出限制消费令，并将符合条件的被执行人纳入失信被执行人名单；被执行人下落不明的，已依法予以查找，被执行人或者其他人妨害执行的，已依法采取罚款、拘留等强制措施，已依法启动刑事责任追究程序。结果要件上，未发现被执行人有可供执行的财产或者发现的财产不能处置；时间要件上，自执行案件立案之日起已超过3个月。对于"责令被执行人报告财产""已穷尽财产调查措施""发现的财产不能处置"等要件，最高人民法院在2016年出台的《关于严格规范终结本次执行程序的规定（试行）》第2条、第3条、第4条进一步予以明确。上述要件标准是针对所有执行案件的一般性规定，但执行案件按照执行内容存在不同种类，在适用结案方式上也存在差别。同时，终本方式作为具有兜底属性的结案程序，在要件审查中应当考虑增加对其他结案可能性的排查。故而，终本要件应注意分类进行设计。

1. 明确限制采取终本结案的案件类型

从执行内容所依据的请求权类型看，可划分为金钱给付请求权的执行与非金钱给付请求权的执行两大类型，前者执行对象范围包括当事人的一般财产，后者包括种类物、特定物的执行以及行为请求权的执行，终本程序主要适用于无财产可供执行情形。由此，行为请求权的执行中不可替代履行之类型因不可能转化为金钱给付之执行，不存在终本的可能。从被执行人主体性质看，以行政机关作为被执行人的行政执行案件中，该类主体依托国家财政保持运行，客观上不存在"无财产"的情况，即便出现变更或灭失，一般也有承继相应债务的主体或相应解决机制，故而，应将该类案件排除在终本程序之外。以企业法人作为被执行人的民事执行案件，《企业破产法》第2条已明确规定："企业法人不能清偿到期债务，并且资产不足以清偿全部债务或者明显缺乏清偿能力的，依照本法规定清理债务。企业法人有前款规定的情形，或者有明显丧失清偿能力可能的，可以依照本法规定进行重整。"企业法人作为被执行人在无财产可供执行的情形下，其状态已符合破产程序启动中的"不能清偿到期债务""资不抵债"或"明显丧失清偿能力可能"等实质要件，该类案件应当尽可能畅通与破产程序的衔接，通过破产程序清理债务或进行重整，推动企业资源遵循市场规律实现快速流转。以执行查控之客观事实划定执行范围和对象的，如刑事涉财产执行中有关没收财产、责令退赔、追缴违法所得等判项的执行，该类案件对于犯罪所涉财产已经过前期公安机关、检察机关的侦查，司法审判环节的审查认定，在法院执行阶段不可能产生新的财产事实并重新确定查控范围，依据判决进行查控，理论上应当只有执行完毕和经查控未查找到相应财产两种结论，此种情况下亦不宜适用终本程序。

2. 对是否符合其他结案方式的有效排查

终本程序作为最后考虑适用的结案程序，其在作出符合适用结论前，应当对有可能通过其他方法措施予以结案的案件进行筛查。比如，终结执行的法定情形主要针对执行过程中执行依据效力、债权人或债务人主体状态、执行标的物的存续状态等方面事实出现的变化作出终止执行的规定，应当对执行案件相关事实的最新状态进行调查，对适合采取终结执行结案的案件进行排除。又如，针对小标的民生案件，是否已经充分运用司法救助、执行联动机制向生活困难的申请人提供救助并实现"案结事了"。

（二）终本结案的程序标准

1. 增设外部监督程序

执行案件关系胜诉当事人切身利益，在执行实施权运行中，我国在执行相关立法中选择职权主义的执行财产调查模式，在应对现代社会的财富存在形式的流动化、隐私化、分散化难题中已投入较大司法资源，相较于当事人主义国家法更具有优势[1]，能够实现更高的兑现率和执行效率。但在人案矛盾短期较难化解、执行环境尚不够完备的背景下，处于执行信息不对称的社会公众仍会感受到法感与常识的背离，亦导致对司

---

[1] 在欧洲，执行效率低下已被置于损害人权的高度。参见赵秀举：《论现代社会的民事执行危机》，载《中外法学》2010年第4期。

法系统产生不信任。由此，强调执行活动中的社会参与，既能够达到外部监督效果，也能够在很大程度上消弭法院与当事人之间的张力。比如可以借鉴丽水经验，探索引入第三方机构公证，即法院与公证处合作，建立终本程序案件公证团队，经公证团队调查案件情况后出具被执行人财产核实调查报告，法院据此裁定适用终本程序。① 第三方公证具有独立性和一定权威性，能够加强终本要件事实认定的效力，有助于当事人理解和信服。同时，域外实践中采取的向社会公开公示机制也具有参考价值，该机制是指在案件裁定终本后，法院向社会公开被执行人基本信息、财产调查的过程及结果、无财产可供执行案件的认定标准、无财产可供执行需要承担的法律后果、申请执行人申请恢复执行的方式等。② 通过向社会公开公示终本案件相关信息，一方面可以让社会公众对执行案件有较深入的了解，另一方面通过公开方式让社会对被执行人进行监督，及时向法院提供财产线索或隐匿、转移财产行为的相关信息。

2. 终本结案的内部分权审批

终本案件的质量管控除需要从外部予以监督外，更需要从内部加强审查把关。目前法律规定终本结案的审批权限在执行法院内部，在面对执行效率考评时亦难以摆脱"部门利益"牵绊而导致实质审查在一定程度上虚设。当前，执行权限配置和执行机构设置改革仍然是司法体制改革的重点之一，针对执行工作本身所具有的行政属性，实践中部分地方法院已经加强执行实施的"垂直管理"③，突出上级执行机构对下级执行机构的调控与管理，通过级级把关，层层落实，提高执行工作质效。遵

---

① 参见林珊、吴斌：《浙江丽水：退出执行+公证"终本案件有序退出管理机制"》，载《人民日报》2019年8月24日第2版。

② 参见四川高级人民法院执行局课题组：《无财产可供执行案件退出机制研究》，载《中国应用法学》2017年第6期。

③ 例如，"唐山模式"即取消基层人民法院的执行局，设立跨行政区划的执行分局由中级人民法院统一垂直管理。参见张伟刚、白龙飞：《打造垂直统管跨区执行新模式——河北唐山中院执行体制机制改革调查》，载《人民法院报》2016年6月26日。目前，全国法院均更加重视高级人民法院、中级人民法院对基层人民法院执行实施权的"统一管理、统一指挥、统一协调"即"三统一"管理。

循这一改革思路,在适用终本结案的审批程序上,应当考虑分层分级审批,避免审批权限集中于执行法院。具体而言,第一层,在执行法院申请终本结案时可以通过系统设定相关条件和要求完成首轮自动审查。第二层,对于符合条件的案件进入上一级法院核查审批,执行法院为中院的,由中院执行局不同团队进行核查后审批。第三层,针对"发现的财产不能处置"以及其他依职权作出终本裁定的情形,经过中院核查后由高院作出审批。

(三) 彻底终结的程序设计

1. 彻底终结的实体要件

从外国经验来看,终本案件彻底终结需要同时满足三个条件:一是当事人未申请破产;二是首次终本裁定生效之日起满20年或10年;三是期限届满前10日内通过覆盖全国的财产查控系统查询仍未发现被执行人有可供执行的财产。[①]

从以上条件设定的逻辑看,首先,应当对案件是否符合终结执行的情形进行一一排查。该阶段的排查与终本案件入库后的定期常规排查是终端与中间端的区别,终本期间的常规排查主要是通过将执行实施终本案件与后续恢复执行案件进行关联设置,形成常态化的执行状态更新并完成出清,彻底终结阶段的排查是对是否符合终结情形的相关事实进行审查确认并作出排查结论。其次,追查时效期限的设置。目前,《最高人民法院关于严格终结本次执行程序的规定(试行)》第9条第2款规定:"终结本次执行程序后的五年内,执行法院应当每六个月通过网络执行查控系统查询一次被执行人的财产,并将查询结果告知申请执行人。"该条款条文设计的逻辑暗含以5年作为法院主动行使职权的时间分界,在第二阶段彻底终结的制度设想中,该阶段的法律效果包含法院终止执行即不负有一般性启动强制执行程序的义务,亦不主动行使执行职权,该法

---

① 参见张美欣:《终结本次执行程序案件的彻底终结制度研究》,载《法律适用》2016年第4期。

律效果与上述条文法律效果有一定程度的相似，延续现有立法制度以5年作为追查时效届满期限有一定合理性。最后，启动彻底终结程序前的执行状态为无财产可供执行或已发现的财产不能处置且无其他财产可供执行。彻底终结前应对案件执行状态作最后调查和确认，只有符合确无财产可供执行，或者即使发现有财产但经过长期穷尽措施后仍不能处置两种情形，才能够通过裁定认定彻底终结。故而，启动前一定期限内需要完成线上查控以及必要的线下查找，对于有财产仍未处置的，需要再组织拍卖、变卖或征求当事人是否同意以物抵债等。

2. 彻底终结的程序要件

程序正义的重要功能是通过程序的正当化，即通过利害关系者的程序参与、实质性的程序保障以及程序参加结果的展示促进裁判结果的可接受性。[1]

终结执行裁定一经作出即具有终局意义，因此，通过司法审判程序保障当事人权益、增强说服力度尤为必要。彻底终结审查程序可以参照执行审查监督程序设计，审查方式应当采取听证方式，参与主体包括执行法官、申请执行人、被执行人，三方围绕是否符合彻底终结条件相关事实进行举证、质证，提出相关主张及抗辩，审查法官结合庭审事实作出裁断。一方当事人不服的，可以向上一级法院申请异议、复议，经过复议后相关裁定结论为最终结论。其中，在相关事实认定标准方面，可以以民事证据制度作为基础支撑，遵循"谁主张，谁举证"原则，充分调动三方举证积极性，明确执行法院对穷尽执行措施、申请人对所主张的尚有财产及可能性等负有举证责任、被执行人负有如实报告个人财产情况以及提供相应证据证明的义务。参照《最高人民法院关于民事诉讼证据的若干规定》第73条对高度盖然性标准的规定，即"双方当事人对同一事实分别举出相反的证据，但都没有足够的依据否定对方证据的，人民法院应当结合案件情况，判断一方提供证据的证明力是否明显大于

---

[1] ［日］谷口安平：《程序的正义与诉讼》（增订本），王亚新、刘荣军译，中国政法大学出版社2002年版，第11~12页。

另一方提供证据的证明力,并对证明力较大的证据予以确认"相关内容,执行法官经举证证明已全面采取合理的财产查控而没有发现被执行人有财产可供执行,申请人又不能提供被执行人仍有财产的相关证据,被执行人有无财产可供执行处于不明状态。对此,审查法官应运用高度盖然性的证明标准认定被执行人无财产可供执行,作出彻底终结执行裁定。

(四)彻底终结的配套机制

设计执行追查时效是对司法效率价值的追求,但司法正义与公平亦不能出现缺位,经过一定时间后对被执行人的财产不予追查和强制执行的追查时效终止不能成为不诚信者逃避债务的"期待利益"。因此,通过设立不受追查时效限制的情形,以保留对恶意逃避债务者的责任追究程序作为兜底尤为必要。对此,可以参照《刑法》有关不受追诉期限限制的特别规定:"在人民检察院、公安机关、国家安全机关立案侦查或者在人民法院受理案件以后,逃避侦查或者审判的,不受追诉期限的限制。"① 终本彻底终结之后,申请执行人发现被执行人有相关逃避、妨碍执行线索的,可以向法院提出异议,参照我国《民事诉讼法》关于诉讼时效的规定,申请执行人应当自知道或应当知道相关妨碍执行或隐匿财产行为之日起3年内提出。经法院核实后被执行人确实存在规避执行行为的,应当追究妨害执行相关法律责任,如私法上要承担债务继续履行以及迟延履行的民事责任,公法上要接受罚款、拘留等予以惩戒的法律责任,妨害执行情节严重触犯刑法的,应承担相应刑事责任。同时,追查时效也应予以顺延。②

---

① 《刑法》第88条第1款。
② 参见辛苗苗:《论终结本次执行程序后续制度》,载《中共青岛市委党校青岛行政学院学报》2020年第4期。

次第推进五步法：终本案件有序退出的逻辑进路和可能方式

——以"漏斗分析法"为研究工具

李 孟*

摘要： 终结本次执行程序①明确了本该由债权人承担的市场风险向债权人合理回归，②但是这些案件并未最终退出执行程序，执行法院还要承担查控、查询等工作，实质上为可以再执行的终结。随着终本案件的日积月累，有效的终本管理显得尤为重要。2024年初，最高人民法院作出《以问题为导向，推动执行工作高质量发展》报告，对终本出清工作作出专项部署，但是终本案件基数大，难以在短期内出清完毕，还存在恢复执行难、出清路径窄等问题；终本出清也不能影响新收案件的执行，预示了终本出清期间执行工作将会面临双重压力，探索出一条低成本、高效率、可持续的终本出清路径成为当下的实践需要。本文以"漏斗分析法"为研究工具，提出终本出清次第推进五步法，为推动执行工作高质量发展"添砖加瓦"。

---

* 安徽省宿州市中级人民法院执行局法官助理。
① 本文将在以下内容中将终结本次执行程序简称为终本。
② 参见张美欣：《终结本次执行程序案件的彻底终结制度研究》，载《法律适用》2016年第4期。

一、实证检视：终本出清的现状及问题

（一）终本案件基数庞大

从《2023年全国法院司法统计公报》及2024年《最高人民法院工作报告》来看，我国执行案件数量长期居于高位，2023年执行案件收案999.45万件，增长11.32%，结案967万件，增长6.37%；2018年至2022年间，我国终本案件分别占执行结案案件的37.91%、44.86%、46.93%、45.01%、42.28%，终本程序已然成为法官青睐的结案方式。在执行案件总量逐年递增和高终本率的共同作用下，每年进入终本库的案件数量高达几百万件。

与此同时，在执行新收案件连年递增的背景下，执行法官疲于应对新收案件，在人力、物力等相对固定的前提下，执行法院一般不会恢复终本案件的执行，即便申请执行人提供了被执行人名下可供执行的财产线索。相对于人民法院的公权力，申请执行人凭借私权利，在查人找物方面更为单薄，特别是被执行人为自然人且常年外出的情况，申请执行人更是无能为力，无法向执行法院提供被执行人名下的财产线索。2018年至2022年间，恢复执行案件与裁定终本案件比例仅为2.49%，终本案件恢复执行难的问题一直无法解决，终本程序呈现高适用率和低恢复率的双重特点。[①]

目前，终本案件的基数日益庞大，也表明大量当事人的胜诉权益并未能通过执行程序兑现，最高人民法院于是将终本出清与交叉执行、执破融合并列为2024年执行的三项重点工作。

（二）终本出清方式未几

终本出清是人民法院对终本库去存量的一种尝试和努力，想方设法

[①] 参见陈沐冰：《终结本次执行程序案件退出机制研究》，载《山东审判》2023年第4期。

让判决落地，兑现老百姓的胜诉权益。从理论上，以终本方式结案的应当是执行不能或者暂时执行不能案件，执行不能①是一种风险，包括市场风险和社会风险两大类。对于市场风险，理应由市场主体自行承担。例如，商事主体之间进行的投资、借贷、担保、买卖等市场行为而产生的风险，可以通过要求对方提供担保、购买商业保险进行风险转移等方式予以规避，否则商事主体应承受风险带来的损失。对于社会风险，应由包括政府、法院、民政部门、当事人等主体在内的社会力量共同防范和化解，但是其主要的责任主体还应是相关事件的当事人。例如，交通事故造成的损失，应由侵权人承担，在侵权人履行不能的情况下，可以进行适当救济，但是承受主体还应为受害者。

对于市场风险造成的执行不能案件，被执行人为企业法人的，可以将案件移送破产审查，但是实践中存在执转破启动难、执破衔接不畅等问题，我国尚未授予人民法院依职权启动破产审查机制，还需要当事人申请或者同意，才能将案件移送破产审查，但是受破产受偿顺位、数额等因素影响，当事人往往不同意将案件移送破产。另外，很多案件移送之后，审判庭往往不会在规定期限内作出是否受理的裁定，有些甚至长达两三年的时间无人问津。对于被执行人为自然人、非法人组织的案件，虽然深圳、浙江等地区进行了个人破产或者个人债务集中清理的试点②，最高人民法院也在 2023 年工作报告中提出个人可破产、可重整，更可再创业，寄予个人破产厚望，但是个人破产仍有很长的路要走，债权人申请执行法院查控自然人等被执行人财产之后，其他债权人在发现无财产可供执行的情况下，可以向首封法院申请参与分配，财产分配之后，被执行人基本上不会再有可供执行的财产。

对于社会风险造成的执行不能案件，如果申请执行人生活困难，人民法院可以通过执行救助的方式予以帮扶，暂时化解因社会事件带来的

---

① 参见陈沐冰：《终结本次执行程序案件退出机制研究》，载《山东审判》2023 年第 4 期。
② 深圳法院 2021 年起实施《深圳经济特区个人破产条例》；2020 年 12 月，浙江省高级人民法院印发《浙江法院个人债务集中清理（类个人破产）工作指引（试行）》。

风险。2023 年，全国法院向涉诉困难群众发放司法救助资金 8.4 亿元。但是执行救助是一种临时性措施，救助资金的总量有限，只能优先用于特别紧迫的情形，不是一种常态的终本出清机制。

（三）终本出清进路茫然

终本出清的初衷是弥补终本库去存量功能的不足，也是一种自上而下的终本管理。最高人民法院作出专项部署后，各级法院纷纷作出响应，甚至很多省份拟将对终本出清率作为考核指标，纳入法院综合考核和平安建设考评，但是并未对终本出清工作作出长久规划，仅将终本出清定位为一次专项行动。

二、根源剖析：终本出清问题的前因后果

终本出清的彷徨和茫然，既有历史的原因，也有现实的因素。一方面，长期以来终本案件疏于管理、终本库杂乱无章，终本甚至一定程度上异化为提高执行结案率的一种工具；另一方面，终本出清专项行动刚刚部署，尚未形成完整的工作思路，很多想法有待实践的检验。

（一）终本管理的名实不符

终本管理是暂时执行不能案件以终本方式报结的逻辑基础，否则终本这一种结案方式易彻底沦落为提高结案率的一种工具。最高人民法院也给予终本管理足够重视，公布了《关于严格规范终结本次执行程序的规定（试行）》（以下简称《终本规定》），共有 19 个条文，从第 9 条到第 18 条共计 11 个条文涉及终本管理内容。《终本规定》第 9 条第 2 款规定"终结本次执行程序后的五年内，执行法院应当每六个月通过网络执行查控系统查询一次被执行人的财产，并将查询结果告知申请执行人"，但法院落实情况并不理想。究其原因，一方面，各级法院疲于应对与新收案件、恢复执行案件等有关的各项绩效指标考核，难以顾及已经作结案处理的终本案件；另一方面，5 年积累的终本案件数量较大，法院

没有足够的人力、物力，甚至一些终本案件无法通过总对总平台提起查询。

终本管理的目的是将暂时执行不能案件转为可以执行案件，最终兑现当事人的胜诉权益，实现终本库去存量目标，在终本管理名不符实的情况下，部分终本案件如同石沉大海，未采取财产调查措施，甚至一些查封、扣押、冻结等强制措施都没有续行，严重损害了申请执行人的权益。一些被执行人也会通过各种方式规避执行，各种"反管理"现象层出不穷，例如，对于一些执行标的额为10万元以下甚至几千元的案件，虽然被执行人被限制高消费或者纳入失信被执行人名单，但是仍然可以使用配偶、父母、子女、兄弟姐妹等人的名义办理银行卡、微信等，致使人民法院的查控措施落空；在终本管理形式化和被执行人"反管理"能力不断提高的背景下，终本案件只会越积越多。

（二）终本结案的功能异化

根据《最高人民法院关于执行案件立案、结案若干问题的意见》（以下简称《立结案意见》）第14条的规定，执行实施案件的结案方式包括六种，其中销案、不予执行、驳回申请三种结案方式不是常规方式，这些案件要么不符合执行立案条件，要么已经被提级执行或者指定其他法院执行，剩余的执行完毕、终结执行、终本是执行实施案件的主要结案方式，而相对于终本，执行完毕、终结执行结案条件相对苛刻。但是终本用于解决因被执行人暂时查无财产可供执行，执行案件无法终结，导致法院执行未结案件积压越来越多的难题。① 此时，终本的功能定位与实践应用存在比较大的偏差。

三、脉络整理：终本案件有序出清的逻辑进路

笔者认为，终本出清需要先根据终本案件的特征对终本案件分门别

---

① 参见邱星美：《终结本次执行制度的创新与未来设计》，载《中国政法大学学报》2023年第2期。

类,然后再按照一定的逻辑,将终本案件依次出清,提高终本案件退出执行程序的效率。

(一) 终本案件分门别类

1. 终本库的厘清划分

终本出清需要采取"先破后立、化整为零"的执行策略,将终本案件细分为各种具有可能特征的案件类型,采用与其特征相适应的出清方式。终本的可能特征包括执行终结[①]、执行难、消极执行、执行不能等。执行终结是指终本后已经不需要恢复执行的案件,包括已经实际恢复执行完毕、自动履行完毕、被执行人符合《立结案意见》第17条第1款第3项至第6项的被执行人死亡或者被注销也无义务承担人应该执行终结等情形。执行难本质上可以执行,但由于法院内部和外部因素导致难以执行。[②] 消极执行是指承办法官执行中消极懈怠,没有全面落实查控、处置等强制执行措施,致使不能执行到位。执行不能是指客观上不具备执行条件,一些案件被执行人完全丧失履行能力,即使法院穷尽一切措施,也无法实际执行到位。

根据终本的可能特征可以将终本案件划分为执行完毕案件、执行终结案件、销案案件、不当终本案件、有财产案件、小标的案件、众多同一被执行人案件以及长期终本案件等八个案件类型[③],见图1。

2. 终本库的案件归类

本文进一步将上述八类案件归纳为三大类案件,即实结案件、应恢复执行案件、执行不能案件,其中应恢复执行案件相对复杂,包括不当

[①] 本文所指执行终结是广义上的执行终结,是因人民法院办案系统存在技术性问题,本应为执行完毕、执行终结的案件,系统中仍然体现为终本案件。

[②] 参见孙莹:《最高法:深化执源治理 同时给"执行不能"找出路》,载最高人民法院微信公众号(2024年1月16日),2024年4月26日访问。

[③] 其中不当终本案件是指未能穷尽财产调查措施,不符合终本要件的案件;众多同一被执行人案件是指企业法人、自然人、非法人组织等各类民事主体在多个案件中作为被执行人,其财产不足以清偿全部债务且不具有恢复履行能力可能性;长期终本案件是指终本3年以上,当事人长期无法恢复履行能力,已经缺乏中止执行的必要。

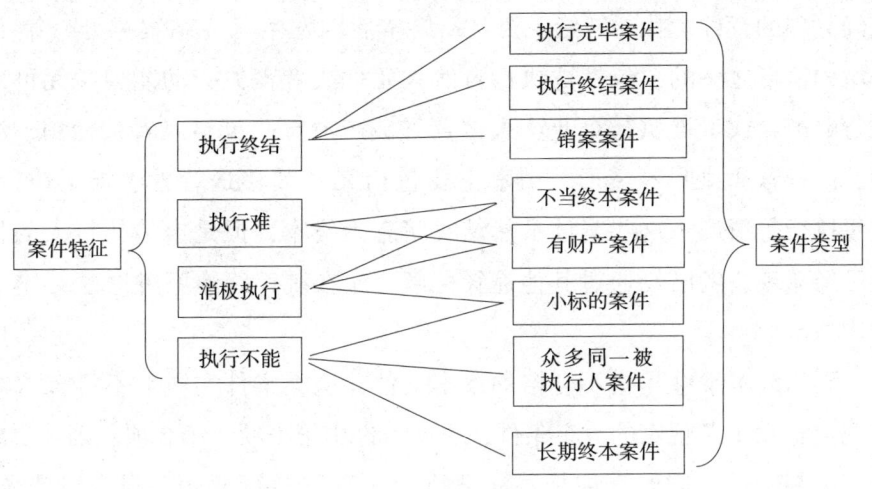

图 1 终本案件类型

终本案件、有财产案件、小标的案件,其恢复执行的可能结果也是实结或者执行不能,见图 2。为了研究需要,本文中将终本库案件最终归类为实结案件、不当终本案件、有财产案件、小标的案件、执行不能案件五类。

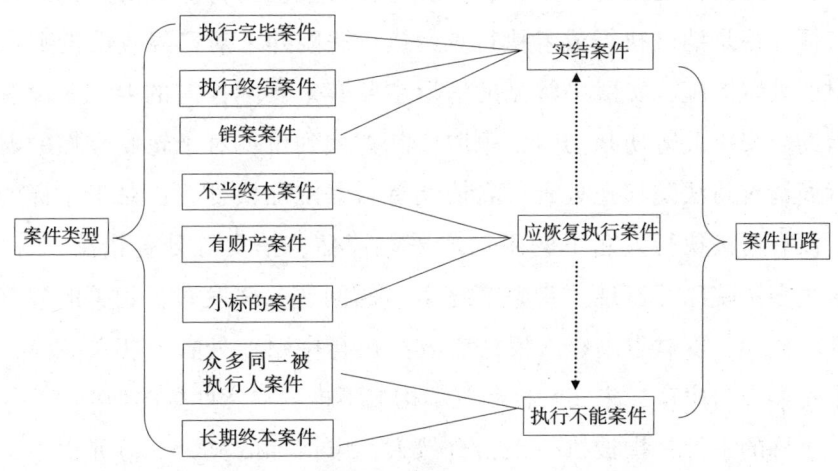

图 2 终本案件归类

实结案件包括执行完毕案件、执行终结案件以及销案案件,执行完毕包括已经恢复执行完毕、当事人私下自动履行完毕等申请执行人权利已经兑现的案件。执行终结主要是指终本后因发生《立结案意见》第17条所列情形之一的，包括被执行自然人死亡或者丧失劳动能力又无可以执行财产，或者被执行企业法人被宣告破产清算、重整或者被撤销、注销、吊销营业执照等情形。销案主要包括案件被移送管辖、指定执行、提级执行等情形。这些案件虽然结案状态为终本，但是申请执行人的权益已经兑现或者已经通过其他途径化解，应在统计终本案件时从终本库中剔除。

不当终本案件是指不合格的终本案件，这类案件实质上不符合《终本规定》第1条规定的五个条件，这些条件中第1项、第2项、第4项比较容易判断，只需要查询是否向被执行人发送执行通知、报告财产令、发出限制消费令等即可判断是否成立，第3项、第5项需要对"已穷尽财产调查措施""发现的财产不能处置""妨害执行""构成犯罪"等事实进行判断，涉及财产调查执行法院在终本时不一定能够作出准确的认定，加之很多法院存在结案压力，一些以终本方式结案的案件并不符合终本条件。

有财产案件是指有财产不能或者不宜处置的案件。有财产案件终本的特征往往是消极执行或者执行难，执行法院并未对已经查明的财产穷尽财产处置措施，实践中常见的情形主要有未实际控制的财产，没有依法借助公安机关等协执力量，争取实际查控到位；对于轮候查控的财产没有商请首封法院移送处置或者协调首封法院加快处置；对于小标的案件，没有对被执行人名下的不动产采取评估、拍卖等处置措施；等等。其实很多法院已经发现"带财产终本"的问题，并发布了相关的规范性文件。例如，安徽省高级人民法院发布执行中财产处置的相关意见，明确了轮候查封房产、未实际控制等不构成不推进财产处置的理由。

小标的案件是指被执行人为自然人，申请标的额为5万元以下，或者未执行到位金额不足5万元的小标的额金钱给付案件。小标的案件终本的原因有消极执行、执行不能等，这类案件具有案件占比大、终本出清见效快等特点，因此做好小标的案件的恢复执行工作是终本出清的一项重要举措，通过对被执行人采取罚款、拘留等强制措施，往往能够迫使被执行人履行债务。

执行不能案件包括众多同一被执行人终本案件、长期终本案件。执行不能可以分为暂时执行不能和永久执行不能两类。暂时执行不能是指企业因暂时性经营困难，无法短时间内清偿所有债务的情形，或者自然人因为自然灾害或者疾病等原因暂时不能清偿债务，将来具有较大可能性恢复履行能力。这类案件可以终本方式结案，给予被执行人一定的喘息机会。永久执行不能是指确无财产可供执行，且被执行人已经丧失劳动能力或者企业已经多年入不敷出，即便给予被执行人一定的宽限期，被执行人也不可能恢复履行能力。众多同一被执行人终本案件、长期终本案件即具有这种特征，实践中很少发现这两种情形下被执行人能够恢复履行能力偿还全部债务。

（二）有序出清的逻辑进路

1. 终本出清思路再思考

终本出清是一项系统性工作，需要通盘考虑、持续开展，要让终本案件终局性退出执行程序，这需要对终本案件库进行全面梳理、分类，分阶段逐步出清终本案件，这样既可以实现终本出清的目标，又不影响新收案件的办理。

2. 漏斗分析法

漏斗分析法是针对流程的分析方法，系采用类似漏斗的框架，对事物运行流程进行分析的方法。它的功能在于聚焦研究对象在穿过"漏斗"时的状态特征，进行时序类、流程式的刻画与分析。漏斗分析一般包括时间、节点、研究对象、指标四个要素。时间指的是事件何时开始、何时结束，包括应用漏斗模型进行研究的时间段，还涵盖前后两个节点之间的时间间隔、某节点的停留时长等。节点包括起点、终点和过程性节点，涵盖这些节点的命名、标识等，节点的数量对应漏斗的层级数。研究对象指的是参与事件或流程的主体，可能是一群人、某类用户或某个人。指标则是对整个事件流程进行分析的工具,也是对漏斗的描述和刻画。终本出清应是一个有序推进的过程,可以借助漏斗分析法探索步骤、节点等问题,寻求高效的逻辑进路。

3. 次第推进五步法

根据漏斗分析法的思路,可以逐步筛选一批终本案件,能够有效避免多种类型案件之间的出清冲突。例如,在未对有财产案件、小标的案件、不当终本案件穷尽财产调查、处置措施之后,无法判断该案件是否属于执行不能案件,那么这些应恢复执行案件应当优先于执行不能案件的出清,否则可能引发出清方式之间的冲突,不知道应该将案件恢复执行还是将案件移送破产审查;逐步出清还能突出每个阶段的工作重点,每个阶段均可以布置相应的专项终本出清活动,集中有限的人力、物力,突出重点,逐个击破。

终本案件的可能特征包括执行终结、消极执行、执行难、执行不能四类,相对来说执行的困难程度应当为,执行终结<消极执行<执行难<执行不能,按照从易到难的步骤,可以分五个阶段逐步开展终本案件退出工作。出清顺序依次为实结案件、不当终本案件、有财产案件、小标的案件、执行不能案件,见图3。

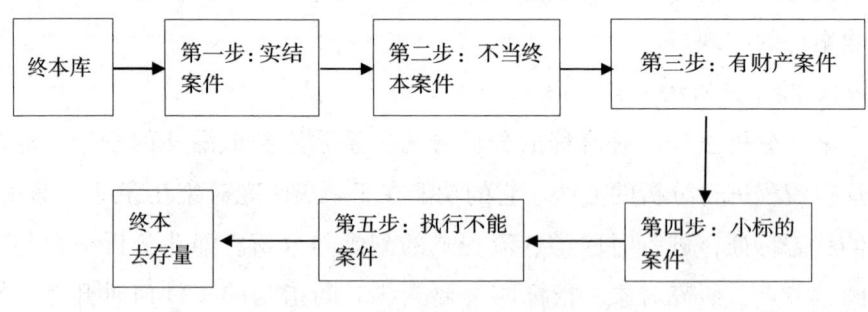

图3 次第推进五步法步骤

四、路径供给：终本案件逐步出清的可能方式

根据《立结案意见》的规定，执行实施案件的主要结案方式包括执行完毕、终结执行、终本、销案等。终本作为一种过渡性的结案方式，其最终归途应为执行完毕、终结执行、销案①。从形式上看，终本出清就是通过何种方式将终本案件转化为上述三种结案方式。

（一）终本和终结执行、执行完毕、销案之间的辩证关系

终结执行相对于执行完毕、销案在终本出清中应用范围更广泛，需要进一步厘清终本与终结执行之间的关系。终本和终结应该是一种动态递进的关系，理论上终本是暂时执行不能，而终结执行是案件无须再执行或者永久执行不能，暂时执行不能在一定情况下可以演变为永久执行不能，这就为终本案件转变为终结案件提供了可能。需要核实终本案件中是否存在符合《立结案意见》第17条的情形并进行相应的处理。例如，存在作为被执行人的自然人已经死亡且无遗产，或者无收入来源又丧失劳动能力的情形，一经核实应依据《立结案意见》第17条第1款第3项、第5项的规定将终本案件出清为终结执行。

从终本制度的初衷考虑，其真正目的应当是"以时间换空间"，给予被执行人一定的时间恢复履行债务能力，最终实现执行完毕的目的。对于终本库中的实结案件、不当终本案件、有财产案件、小标的案件等，都应当尽最大可能执行完毕。最高人民法院在作出终本出清部署的同时，也于2024年3月16日发布了《关于全面推进交叉执行工作的通知》，明确要扩大交叉执行范围，可以通过督促、指令、提级、协同、集中执行等方式开展执行工作。而根据《最高人民法院关于进一步规范指定执行等执行案件立案、结案、统计和考核工作的通知》第3条的规定，首次执行案件因指定执行、提级执行、委托执行（全案）结案的，以销案方

---

① 驳回执行申请、不予受理案件量较少，而且属于立案条件的审查问题，本文不将其作为终本的出处之一。

式结案。在将终本案件类型化和厘清终本与终结执行、执行完毕、销案之间的关系之后,接下来就需要探索这些案件最终需要以何种方式退出终本库即以何种方式结案,以及人民法院需要采取哪些措施才能实现终本出清的目的。

(二)终本出清的可能方式

终本案件有序退出的逻辑进路为次第推进五步法,该方法确定了不同类型终本案件的出清次序,但是并没有陈述这些案件的出清方式,接下来需要在此基础上梳理论证终本出清的可能方式,为终本出清提供更多的路径选择。每个阶段的出清方式可以为剔除实结案件、恢复执行不当终本案件、穷尽财产处置措施清理有财产案件、一次性强制执行清仓小标的案件、执转破或者个人债务集中清理化解执行不能案件,见图4。

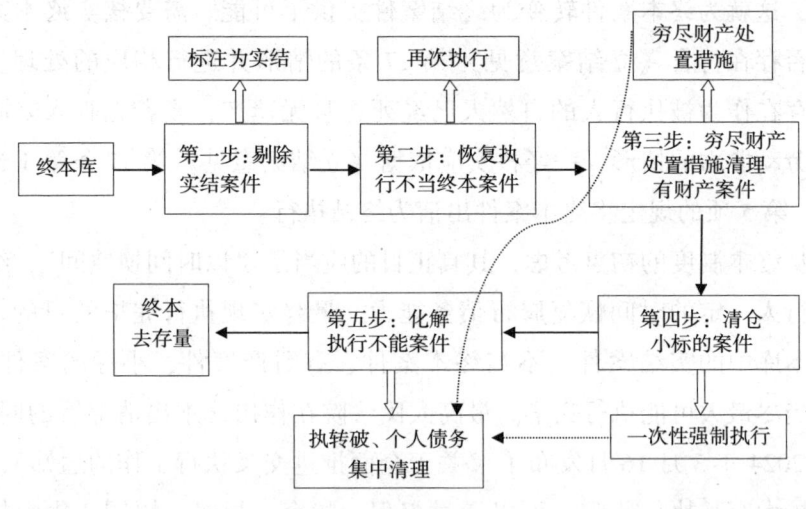

图4 终本案件出清

1. 剔除实结案件

终本库中已经恢复执行完毕、自动履行完毕等执行完毕案件或者达成执行和解协议长期履行、被执行人已经被宣告破产清算案件等可以终结的案件,应当优先从中移除,这些案件可能是小标的案件、有财产案件或者不当终本案件,如果不先将这些案件先行移除,势必影响整体执行效率。

根据《立结案意见》第 7 条第 2 项的规定，生效法律文书确定有多个债务人各自享有明确的债权的，申请执行人可以对每个债务人分别申请执行，也可以对几个或全部债务人一并申请执行。在同一份生效法律文书中，多个债务人承担单独责任或者按份责任，彼此之间不存在连带清偿责任，债权人有权利选择向谁主张权利、什么时候主张权利，所以对于此类生效法律文书，不宜作为同一个案件立案执行，否则，既不能如实反映各个被执行人履行债务情况，也不利于人民法院的强制执行。

2. 恢复执行不当终本案件

基于执行难、消极执行等原因，一些终本案件并不完全满足终本条件，在对终本案件分门别类时应从执行期限、立案标的额、同一被执行人案件数量等方面进行重点核查，对于 3 个月之内结案、执行标的额为 5 万元以下、被执行人只有一个案件的案件，这些案件可能是执行法院为提高结案率，通过"总对总"网络查控系统进行查询后未发现可供执行的财产，仅仅是到被执行人住所地居民委员会或者村民委员会进行象征性的实地调查，就以终结本次执行程序方式结案，并未穷尽财产调查措施或者未对被执行人采取拘留等措施。

3. 穷尽财产处置措施清理有财产案件

《终本规定》第 1 条第 3 项规定了终本的实质要件即被执行人没有可供执行的财产，包括未发现可供执行的财产和发现的财产不能处置两种情形，前者与是否穷尽财产调查措施相关，后者与是否穷尽财产处置措施相关。不能处置是一个相对宽泛的概念，很多时候执行法院对预查封、无证房产、未能实际控制的车辆、轮候查封财产、共有财产、执行标的额很小而财产价值较大且不易分割财产等都认定为不能处置。对于上述财产能否处置虽然存在一定的争议，但是争议内容多为如何处置的问题，而不是能否处置的问题，这些财产要么处置难度大，要么暂时不能处置，执行法院需要积极创新、拓展财产处置措施。

4. 一次性强制执行清仓小标的案件

终本库中的执行标的额为 5 万元以下的金钱给付案件虽然存在一定

的执行难度,但是执行完毕的可能性比较大,应当成为终本出清的重点。

执行法院可以从两个方面提升被执行人的履行意愿:一方面,可以通过减息让利、延长还款时间等方式促成当事人之间达成执行和解,需要长期履行的可以作出中止裁定,并以终结方式报结;另一方面,可以通过对被执行人采取拘留、构成犯罪的移送公安机关立案侦查等方式倒逼被执行人履行债务。例如,杭州市法院充分利用拒执罪的震慑作用,向涉嫌拒不执行判决、裁定罪的被执行人发送涉嫌拒执犯罪告知书,告知被执行人其涉嫌拒执罪的事实,若不按期履行义务将会移送公安机关侦查。通过采取涉嫌拒执犯罪预告措施,以低本、低代价,促使被执行人自动履行债务,最大限度降低了对被执行人权益的影响,既避免了执行乏力,又避免了执行过度。

5. 执转破或者个人债务集中清理化解执行不能案件

此处的执行不能案件不仅包括原本执行不能案件,还包括采取前四步处理之后仍不能出清的执行不能案件。有效应用执转破或者个人债务集中清理化解终本案件,需要厘清执转破与终本之间的内在逻辑,二者应为相互交叉的关系。根据《最高人民法院关于执行案件移送破产审查若干问题的指导意见》(以下简称《执转破意见》)第2条的规定,执行案件移送破产审查需要满足三个条件,其中之一为"被执行人不能清偿到期债务,并且资产不足以清偿全部债务或者明显缺乏清偿能力"。该条件说明可以移送破产审查的案件并不一定属于未发现可供执行的财产或者发现的财产不能处置,所以符合执转破条件的并不一定符合终本条件。执行案件虽然符合终本条件但当事人均不申请或者同意的,也不符合执转破条件。当然也有同时符合终本、执转破条件的,所以,二者应是交叉的关系,这也是很多终本案件没有移送破产审查的原因。

关于众多同一被执行人案件。对存在资不抵债、连年亏损、停产半停产等情形的"僵尸企业",符合破产条件的及时移送破产,在被执行人被宣告破产等情形下,应根据《执转破意见》第20条的规定终结执行。终本变为执转破的关键点是成就《执转破意见》第2条第2项规定的条件，即当事人申请或者同意移送破产审查，可以向不可能享有执行利益的债权人做足释法明理工作，引导其申请执转破；在制度层面也需要积极探索法院依职权启动执转破机制，破解执转破启动难、启动慢的问题。

五、结语

次第推进五步法是终本案件有序退出的一种思路，其价值追求是提高终本出清的效率。在明晰方向的基础上，终本出清的步骤、方法应当结合当地实际情况，更需要思考步骤之间的前后逻辑，前后阶段之间蕴含的递进、补位关系。

【调研与实证】

辽宁法院执行异议和复议案件占比高现状的反思及应对策略

白 冰[*] 潘 颖[**]

摘要：近期，最高人民法院院长张军对如何解决执行案件长期高位运行问题提出要畅通完善法院内部多元解纷机制。执行异议和执行复议程序作为违法执行行为的救济途径，有效保障了执行当事人、利害关系人及案外人的合法权益，又进一步规范了执行行为。然而，近年来，执行异议和复议案件逐年递增，又加剧了人案矛盾，使执行异议、复议程序纠正违法执行行为的目的难以实现，从侧面加剧了多元解纷难度。调研组围绕执行异议案件的产生原因、处理程序、监督机制等核心问题展开调研，结合最高人民法院执行局局长黄文俊在通报全国法院执行案件数据中提到的"执行局业务条线中，执行异议占首次执行案件比例高、增速快的五个地区，辽宁第二"的问题，通过对全省法院执行异议、复议案件相关数据统计分析，旨在剖析执行异议、复议案件占比高、增速快的问题症结。同时，通过系统梳理执行异议和复议案件的现状和特点，分析其数量多的原因，探索切实可行的治理措施。本文基于辽宁省法院2021—2023年间执行异议和复议案件的数据分析，重点关注2023年执行

---

[*] 辽宁省高级人民法院执行一庭一级法官助理。
[**] 沈阳铁路运输中级法院执行二庭庭长、四级高级法官。

异议、复议案件的情况，以期为探索执行异议和复议案件的源头治理提供数据支持和理论参考。在调研过程中，调研组从全省各地法院随机抽取300件执行异议和复议案件作为分析样本，通过认真分析、细致梳理，以便准确把握执行异议和复议案件的整体趋势和主要特点。

一、全省法院执行异议、执行复议案件总体情况

2023年，全省执行异议收案25499件。从受理法院来看，基层法院收案20554件，占80.56%；中级法院收案4882件，占19.14%；省法院收案63件，占0.30%。从异议事项来看，案外人异议收案9952件，占39.03%，数量最多，审结9911件，其中支持或部分支持案外人异议的4180件，占结案总数的42.18%；对执行行为提起异议的6329件，占24.82%，审结6256件，其中支持或部分支持异议的1768件，占结案总数的28.26%；另有申请追加变更申请执行人、被执行人的7704件，占收案总数的30.21%；其他异议事项1514件，占收案总数的5.93%。

2023年，全省法院执行异议案件结案25251件。从审查结果看，驳回异议或申请的11604件，占45.95%；支持或部分支持异议申请的10501件，占41.59%；其他处理结果3146件，占12.46%。

2023年，全省执行复议收案3876件，结案3607件，结案率93.06%。从审理结果分析，其中驳回复议申请2436件，占62.85%；发回重审696件，占17.96%；撤销或变更198件，占5.11%；撤回复议申请109件，占2.81%；指令审查165件，占4.57%；其他8件，占0.22%，全省执行复议发改率为24.79%。

（一）2021—2023年全省法院执行异议案件办理情况

为了更好地分析2023年执行异议案件情况，调研组结合2021年、2022年的相关数据，进行对比分析，以期剖析执行异议、复议案件占比高的原因。

从上述数据可以看出，全省法院受理执行异议案件呈逐年上升势头，2023年同比增幅较大，为15.90%。近三年，全省法院执行异议案件占首执案件比均为8%左右。恢复执行案件实施过程中，当事人、利害关系人亦可以提出书面异议，统计执行异议占"首执案件+恢复执行案件总和"比更为科学，该数据表明2023年执行异议案件虽然占比与前两年持平，但数量上呈递增态势。

1. 案外人提起执行异议占比最高

执行异议案件包括执行行为异议、案外人异议、申请追加变更当事人等。从收案情况分析，案外人提起异议占比最高，近三年均占40%左右，其次是针对执行行为和申请变更、追加当事人，占比均为25%~30%，少部分涉及执行管辖异议和申请不予执行仲裁裁决、申请不予执行公证债权文书等。

从各地区搜集案例分析，案外人异议理由主要涉及不动产、一般动产、保证金以及到期债权的执行等方面。

2. 执行裁决驳回率较高，异议成立或部分成立逐年递增

大部分执行裁决案件因理由明显不成立而被驳回，如案外人在明知案涉房屋被法院查封情况下，仍与被执行人就案涉房屋进行交易并就执行标的向执行法院提出案外人异议；案外人声称案涉房屋查封后才进行离婚分割等明显不成立理由向执行法院提出异议等。发现许多当事人对执行依据不服、认为评估价值过低等案件被导入执行异议、复议程序，这些案件本应在审判和执行实施环节通过法律释明、引导当事人通过正确的法律渠道解决问题，而不是进入执行异议程序，既增加当事人诉累，又浪费大量司法资源。

调研中发现，近两年针对不动产执行中查封整栋楼房、楼盘案外人执行异议较多，一件执行实施案件查封几百套甚至更多房屋，引发大量案外人提起执行异议，每个案外人单独立一件执行异议案件。根据《最高人民法院关于人民法院办理执行异议和复议案件若干问题的规定》相关规定，人民法院在查明事实基础上，确因案外人非自身原因未就案涉

不动产办理过户登记，以及在人民法院查封之前已签订合法有效的书面买卖合同并合法占有该不动产，人民法院会支持案外人对案涉执行标的提起的异议，这不能真实反映执行行为是否符合规定。

（二）2021—2023 年省法院执行复议案件情况

1. 执行复议案件改发率有所下降

三年来，省法院执行复议案件量基本持平。对结案方式进行概括统计，改发率整体呈下降趋势，改发率下降从侧面说明各中级法院执行异议裁定准确性有所提升。

2. 各中基层级法院执行异议案件质量参差不齐

从 2023 年省法院执行复议案件审理结果分析，各中级法院执行异议案件衍生出的执行复议案件改发率差距明显。从 2023 年各中级法院审理执行复议案件审理结果分析，各地基层法院办理执行异议案件同样改发率差距明显，一定程度上反映各中基层法院执行异议案件的办理质量不一、水平参差不齐。调研中发现，各中基层法院均能实现执裁分离，但绝大多数法院面临人案矛盾突出问题，执行异议、复议办案人员需办理其他类型案件或其他工作，办案力量严重不足，难以应对不断增长的办案压力。部分基层法院将执行异议案件转其他审判庭或派出法庭审理，执行异议案件质量更难保证。

二、执行异议、执行复议案件数量占比高原因分析

经过对全省法院 2023 年执行异议、复议案件收结案数据占全省法院"首执案件+恢复执行案件总和"的比例以及随机抽取的 300 件执行异议、复议案例分析，执行异议、复议案件数量占比高的原因有以下几个方面。

（一）执行实施行为规范性程度不高，执行法官与当事人沟通不畅

执行异议作为执行实施案件的衍生案件，主要是当事人、利害关系

人依据《民事诉讼法》第236条,对执行行为提出异议,以及案外人根据《民事诉讼法》第238条,对执行标的提出排除执行异议。调研中发现,针对执行行为异议,主要原因为执行行为不规范,善意文明执行理念贯彻不深入,或者被执行人财产调查不细致、不动产司法拍卖和到期债权执行程序不规范等。部分执行法官对当事人法律释明不到位,导致当事人无法通过正常渠道理解裁判依据和执行行为,造成大量无必要进入执行异议、复议案件产生。部分执行法官对执行实施请求和执行异议请求认识不清晰,不区分诉求,缺乏工作主动性、能动性,全部引导提出执行异议,将一些本应由执行实施部门直接处理的事项误认为执行异议处理事项,引导当事人提出执行异议。例如,在查封被执行人养老金账户或社保账户后,若能主动告知被执行人有权申请保留必要生活费用,并依法为其保留必要生活费用,则不必再通过执行异议程序解决此类诉求。

(二)判项及裁决事项不明,申请执行人不理解引发执行异议、执行复议

判项及裁决事项不明和不具体,导致产生大量的执行异议案件。上述执行异议案件往往涉及民事案件中互负给付义务履行先后顺序不清、仲裁裁决事项不明确、刑事案件被告人追缴违法所得和退赃退赔数额不清等,造成执行过程中的困扰和混乱,使得执行案件当事人质疑裁判文书的执行,进一步加剧了法院执行的难度和复杂性。因此,明确、具体的执行内容对于减少执行异议案件的发生、提高法律执行的效率和公正性至关重要。

(三)商品房消费者作为案外人通过执行异议程序排除执行

受房地产市场不景气等因素影响,房地产开发企业向银行抵押房地产,导致涉及不动产权属争议的案外人提起执行异议案件数量不断增加。部分房地产开发企业为融资采取在抵押前或抵押后将房屋预售给案外人,

引发购房人的权益与金融机构的抵押权冲突,一件执行实施案件或引发数百件案外人异议案件。

(四) 执行异议立案审查不到位,部分案件不属于执行异议的审查范畴

《最高人民法院关于人民法院办理执行异议和复议案件若干问题的规定》第2条对执行异议案件立案标准作了明确规定,符合执行异议案件受理条件的,人民法院应当在3日内立案,并在立案后3日内通知异议人和相关当事人。不符合受理条件的,裁定不予受理;立案后发现不符合受理条件的,裁定驳回申请。调研中发现,立案部门在立案环节存在把关不严甚至"零门槛"问题,把不符合执行行为异议、案外人异议的案件立案受理,导致执行异议案件数量增加。例如,将本应由执行实施部门处理的执行请求作为执行异议案件进行处理,既不当增加案件数量,又造成当事人诉求实现的延迟。又如,对于生效判决有异议的,并未引导当事人通过审判监督程序解决诉求,而是立为执行异议案件处理,救济途径错误导致案件不当衍生。

(五) 案外人(利害关系人)和被执行人恶意串通,利用执行异议、复议程序规避执行

执行异议、复议制度的设立目的在于保护当事人、利害关系人、案外人的合法权益不受法院违法执行行为的侵犯。但该制度也是一把双刃剑,实践中存在利用这一制度规避执行的情况。为拖延履行义务,获得不当利益,一些被执行人授意、串通案外人,在明知没有法定事由和正当理由的情况下,仍向执行法院提出执行异议。执行异议及后续可能衍生的执行复议及案外人异议之诉极大地减缓甚至中止执行标的处理速度,降低了执行效率。我国《民事诉讼法》相关规定对被执行人与他人恶意串通规定了相应的民事及刑事惩治措施。但在执行异议案件办理过程中,因为审查期限较短、当事人手段隐蔽,往往以"合法"提出异议复议或

者异议之诉的方式掩盖其拖延执行目的,法院很难取得确凿证据证明异议人与被执行人"恶意串通",有些执行异议、复议理由显然得不到执行法院支持,但法院的审查程序既浪费司法资源,又拖延执行工作的进展。即便驳回异议人请求,但异议人拖延执行的目的已经达到。

(六)当事人和利害关系人提起执行异议的门槛较低

一是执行异议和复议案件提起主体较宽泛。法律上和实践中对于提起执行异议限制不多,执行异议和复议案件的立案限制性条件较少。根据《民事诉讼法》第236条规定,当事人、利害关系人认为执行行为违反法律规定的,即可以向负责执行的人民法院以书面形式提起执行异议。而"违反法律的执行行为"范围较广,造成实践中几乎所有的执行行为当事人、利害关系人都能提出执行异议的局面,导致执行异议和复议案件激增。二是提起执行异议案件成本低。《民事诉讼法》对提出执行异议的条件规定较为宽泛且无须交纳异议申请费用。提起执行异议案件无须交纳费用,制作申请书、准备形式上的证据材料便可立案,这也是造成执行异议案件激增的因素之一。

三、治理执行异议和复议案件数量占比高的应对策略及建议

执行异议作为执行实施案件的衍生案件,也说明执行行为审慎性和规范性仍需提升,执行异议和复议案件的源头治理工作有待加强,对此提出以下对策和建议。

(一)规范执行实施行为,贯彻善意文明执行理念

在执行案件实施过程中,执行法官应对执行案件进行全面财产调查,准确判断、甄别拟采取执行措施的财产权属,对于财产执行中可能出现执行异议的被执行人、案外人,进行法律释明,对初步判定异议可能成立的执行案件,及时向当事人释疑,减少执行中的"案生案"。一是强化执行实施案件释法说理。执行实施案件中,规范执行干警的执行行为,

审慎采取执行措施。探索推广"执行长联席会议"制度，即由执行局对执行异议先行予以审查，若符合相关法律规定确属前期查封错误的，由执行法官自行纠错。二是针对群体性案外人执行异议案件，穷尽财产调查措施。一方面，建议执行法官坚持善意文明执行理念，谨慎作出查封或预查封等处置财产的行为，涉及查封或者预查封"问题楼盘"行为，建议增加查封或预查封公告程序，即在预查封前，向被执行人及相关利害关系人发出书面通知，明确告知预查封的原因、范围、期限等信息，明确被执行人的权利和救济途径，如提出异议的期限和方式。还可以设置咨询渠道，方便被执行人及相关利害关系人了解预查封的详细情况。这样，既提高执行过程的透明度，又保障被执行人的知情权，从而减少执行异议和信访案件的发生。另一方面，建议执行实施法官多措并举，探索以府院联动、司法建议等方式与相关房地产管理部门联动，对争议较大必须异议程序解决的群体性案件，充分利用示范诉讼"一揽子"化解纠纷，争取达到"审理一件，化解一片"的效果，解决群体性纠纷中具有共通性的事实和法律争议问题，从而避免重复性审查以及司法资源浪费。

（二）强化源头治理，加强联动机制建设

一是规范执行异议案件立案审查程序。严格执行异议案件的立案标准，要求执行异议申请人提交异议申请书的同时提交相关证据材料，执行立案窗口作形式审查，对于证据材料不能及时提交或证据不全的，不予立案。确保只有符合法定条件的案件才能进入执行异议程序，减少不必要的异议案件数量。建议执行立案阶段设立执行立案审查的案号，对不符合执行异议受理条件的案件在执行立案阶段出具不予受理裁定，效仿立案阶段模式，不计入执行异议受理案件总数。二是强化内部联动机制建设，加强立案部门与执行实施部门、执行裁决部门的协调配合。可引入"执前调"工作机制，在执行异议和复议案件立案时，由执行实施部门与申请人进行沟通，对有可能达成执行和解的案件，由调解员进行

调解或者通知执行裁决部门提前介入,进行法律释明,促使当事人达成和解,以减少当事人诉累,避免司法资源的浪费。

(三)加强业务培训,提升干警办案能力

一是提升审判质效。加大证据审查力度,合理运用证据规则,对当事人无争议的重大事项进行必要审查,防范恶意串通、虚假诉讼等行为。二是提升效率意识。对于案件事实清楚的依法快立快审、快裁快判,尽量减少对正常执行工作的影响。三是提高业务水平。定期组织全省法院执行干警业务培训,切实提高干警的业务水平和办案能力。通过执行异议、复议案件的办理,充分发挥执行裁决权对执行实施权的监督、制衡、约束作用。

(四)出台全省法院执行异议和复议案件流程规范指引

一是规范执行裁决立案程序。通过司法解释对执行裁决的主体资格、法定事由、审理规则、举证责任分配等进行细化规定,将立案标准规范化,同时完善执行裁决不予立案的程序机制。二是出台或细化相关法律规定。对执行异议和复议案件,规范工作流程和工作指引,鉴于部分法院审理执行异议和复议案件的法官可能来自综合审判庭,省法院执行局出台办理执行异议和复议案件的工作指引,统一全省法院办案标准和审查标准。

(五)探索滥用异议程序阻碍执行惩戒制度

一是建立恶意执行异议的惩戒先行告知制度。统一制作滥用执行异议权利风险告知书及执行异议风险责任承诺书,通过执行裁决部门向异议人进行送达,告知其滥用执行异议权利、提出虚假异议等应当承担的法律责任。针对当事人、利害关系人、案外人滥用异议权、拖延执行、逃避执行及单方虚构法律关系、捏造事实、恶意串通、伪造证据,经查证属实的,对有关当事人予以训诫,直至采取罚款、司法拘留等措施,

维护正常司法秩序。针对涉嫌虚构事实、恶意串通等提起执行异议的被执行人、案外人，因执行异议复议被驳回并造成执行标的物价值贬损的，建议由异议人、复议申请人承担相应的经济赔偿责任。二是探索建立执行裁决案件收费制度。建议通过修订《诉讼费用交纳办法》对执行异议、复议案件参照民事诉讼案件收取费用，通过诉讼费制度对执行异议复议收案进行调节，从而遏制部分当事人滥用异议权、复议权，导致执行案件久拖不执，造成司法资源浪费。增加异议、复议成本可以遏制虚假执行异议、拖延执行等情形，依法保障案件顺利执行。

（六）强化法治宣传，引导群众正确认识执行异议

利用法院公众号等自媒体、电视栏目以及新闻发布会等各种形式，对执行异议、复议案件的特点、受理条件、提起执行异议的具体情形、执行异议及复议典型案例和打击虚假执行异议、复议典型案例进行宣传，杜绝执行案件当事人及案外人的侥幸心理，减少滥用执行异议权等行为的发生，实现执源治理的目的。

规范移送管辖案件诉讼保全的实证分析

马学琴[*]　张大强[**]

摘要：法院在移送管辖案件时，有时会面临案件移送管辖前已采取诉讼保全的情形，而在移送后当事人会就保全措施申请续行、变更、解除。此时，受移送法院与原管辖法院的保全衔接环节是否顺畅，不仅关系当事人的诉讼权利是否能得以保障，还关系胜诉权益是否能得以实现。基于此，本文采取统计分析与走访座谈结合的方式，对四川法院移送管辖诉讼保全工作情况（特别针对移送管辖前已采取的保全措施在移送管辖后的续行、变更、解除工作情况）进行了全面分析梳理，提炼移送管辖案件诉讼保全工作存在的问题，针对存在的问题进行原因分析后，初步探索切实可行的规范措施，以促进移送管辖案件诉讼保全工作良性发展，保障当事人的程序、实体权利。

---

[*] 四川省高级人民法院执行局副局长。
[**] 四川省高级人民法院执行局综合处副处长。

一、情况概览：移送管辖案件诉讼保全基本情况

（一）案件基本情况

1. 数据情况

2021年1月至2023年8月，全省法院共审理移送管辖案件7513件，涉及诉讼保全的案件为1939件，占移送管辖诉讼案件的25.81%。其中，诉讼保全案件中涉及需要采取续行、变更或解除措施的共计488件，占移送管辖诉讼保全案件的25.17%（见图1）。

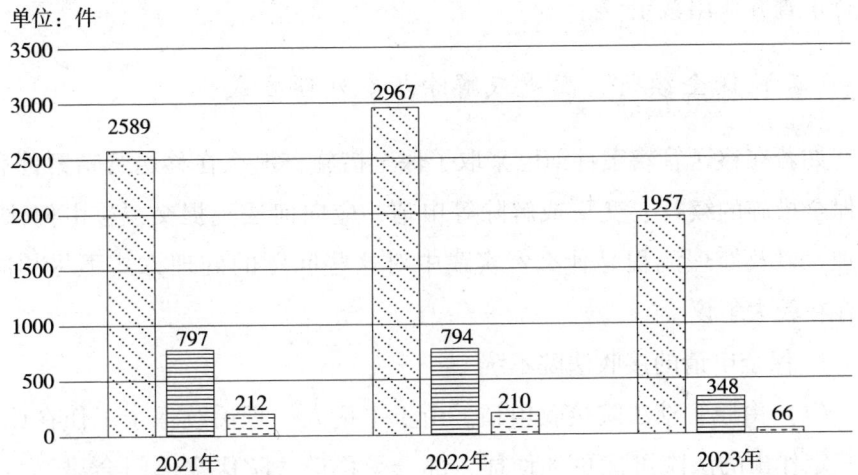

图1 四川法院移送管辖诉讼保全案件数量（2021年1月至2023年8月）

2. 诉讼保全处理情况

根据移送管辖后是否需要采取后续措施，分别进行了调研统计。一是根据调研情况，对于已经采取保全措施案件移送管辖后，为防止首轮查封变为轮候查封或者借机转移财产情形出现，影响当事人合法权益，案件移送过程中，移送法院一般不会解除相应的保全措施。但部分移送法院对不易转移、隐匿的财产，在移送前会解除保全措施，由受移送法

院受理案件后重新作出财产保全裁定。二是若移送后需要采取续行、变更、解除等措施的，又分为依当事人申请和依职权启动审查两种模式。(1) 依职权启动模式，即原管辖法院将原保全手续移送后，受移送法院根据移送的裁定对保全措施进行续封、变更或解除等，如绵阳法院；或者在执行过程中法院发现在诉讼过程中已采取保全措施，主动联系移送法院承办人，根据案件实际情况对需要续封、变更或解除的，由合议庭讨论后直接对其采取续封、变更、解除等措施，如资阳、宜宾法院。(2) 依申请启动模式，即原管辖法院在移送管辖时将保全手续已一并移送给受移送法院后，申请人向法院提出续行、变更或解除保全的申请，此时需要法院进行审查并作出裁定。

（二）保全续行、变更或解除基本处理方式

如若在移送管辖案件前已采取了保全措施，那么在移送管辖案件后，原保全措施的续行、变更或解除等申请，应向何法院提交，应由何法院处理，以及处理流程是什么？实践中对这些问题的处理方式不尽相同，也存在较大争议。

1. 保全申请的接收法院不统一

(1) 由原管辖法院接收申请。由于申请人办理后续保全工作在原保全裁定作出的法院可能更加便捷，部分受移送法院保全部门会建议当事人到移送法院进行解除和变更，故当事人会向移送法院提交申请，由移送法院接收其申请。采取此种做法的地区有雅安、乐山、凉山3个地区。

(2) 由受移送法院接收申请。由于案件移送时将保全手续一并进行了移送，部分移送法院在移送裁定中向当事人释明，后续保全措施由受移送法院处理，当事人后续保全措施的续行、变更或解除申请向受移送法院提交。采取此种做法的有泸州、南充、达州、巴中等10个地区。

(3) 由原管辖移送法院或受移送法院接收均可。部分地区的做法是，原保全措施的续行、变更或解除申请可以直接向受移送法院提交，或者向原管辖法院提交，或者原管辖接收申请后转交至受移送法院，原管辖法院或者受移送法院均可接收申请。采取此种做法的有成都、遂宁、眉山等5个地区（见表1）。

表1　案件移送管辖后诉讼保全续行、变更或解除申请提交情况统计

序号	情形	地区	地区数量（个）
1	由移送法院接收申请	雅安、乐山、凉山	3
2	由受移送法院接收申请	泸州、南充、达州、巴中、自贡、资阳、内江、广元、成铁①、绵阳	10
3	由移送法院、受移送法院接收申请均可	成都、宜宾、遂宁、眉山、广安	5
4	未涉及诉讼保全变更	德阳、攀枝花、甘孜、阿坝	4

2. 保全措施的办理法院不统一

原管辖法院、受移送法院在接受申请后，经过审查如需要采取续行、变更或解除保全措施，又大致分为三种流程。

（1）由受移送法院办理。部分地区因案件后续是在受移送法院审理，且移送管辖时已将保全措施一并移送，保全措施的后续变更或解除均由受移送法院处理，因此直接由受移送法院作出保全续行、变更或解除的裁定并完成执行手续。具体是由受移送法院作出保全裁定后，直接向协助执行单位发送执行裁定、协助执行通知书、管辖权变更法律文书进行办理，执行裁定一般载明移送缘由、经过、移送后的案号等事项，大多数法院采取这种模式。部分地区则采用受移送法院作出保全裁定后，委托原管辖法院办理后续措施的模式。

（2）由原管辖法院办理。原管辖法院根据受移送法院转交的申请或接受当事人的申请，制作保全裁定并完成保全措施。作出原保全裁定的法院收到当事人申请书后，作出续行、变更或解除保全措施的裁定并将裁定书等材料移送执行部门，执行部门立"执保"案号，将保全措施予以续行、变更或解除，并告知审判部门与通知当事人。某些地区受移送法院接到当

---

① 即成都铁路运输中级人民法院，下同。

事人的申请后委托原管辖法院，由原管辖法院出具保全裁定书，以原管辖法院的名义办理诉讼保全的续行、变更或解除，如眉山法院。

（3）视情况由原管辖法院或者受移送法院办理。一种情况是，根据是否为网络查控保全措施而决定由谁办理，即有关网络查控的保全措施，由受移送法院作出保全裁定，由委托原管辖法院办理；有关不动产、车辆等的保全措施由受移送法院作出裁定并直接办理，如绵阳三台法院。另一种情况是一般情况下由受移送法院办理，移送管辖后原告撤诉或者被告在执行前已履行完毕的，解除保全措施由原管辖法院办理，如内江威远法院、东兴区法院（见表2、图2）。

表2 案件移送管辖后诉讼保全续行、变更或解除办理法院情况统计

序号	办理法院	地区	地区数量（个）
1	均由移送法院办理	雅安、乐山、凉山、成铁	4
2	均由受移送法院办理	自贡、资阳、广元、巴中	4
3	视情况由移送法院或者受移送法院办理	遂宁、绵阳、内江	3
4	同时存在均由移送法院办理或者均由受移送法院办理两种情形	成都、宜宾、南充、眉山、泸州、广安、达州	7
5	未涉及诉讼保全变更	德阳、攀枝花、甘孜、阿坝	4

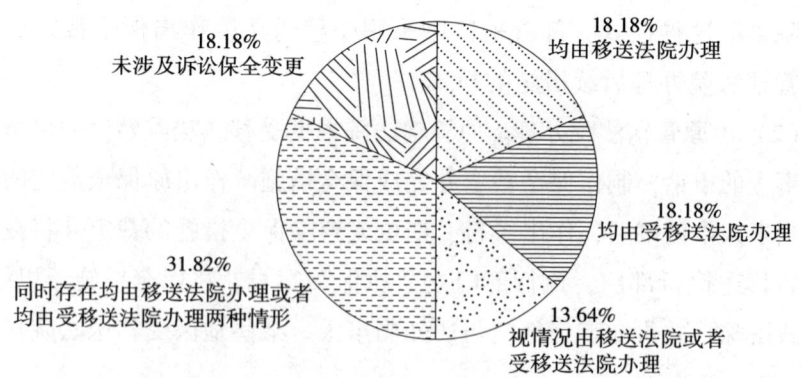

图2 案件移送管辖后诉讼保全变更办理法院情况统计

3. 是否在协助执行通知书中写明案件移送经过，做法不统一

由受移送法院作出裁定并执行的，受移送法院在协助执行通知书上是否注明原查封（冻结）案号，并写明案件移送经过，实践中做法也不统一。（1）部分地区会在协助执行通知书中特别写明原保全措施基本情况，并注明案件移送管辖的情况，如成都、自贡、宜宾、遂宁等10个地区。（2）有的地区在协助执行通知书中不写明案件移送经过，但是在执行裁定书中予以说明，如资阳法院。（3）有的地区在实际办理过程中通常不会在协助执行通知书中写明案件移送经过，而直接将移送裁定作为附件递交相关执行协助单位，如泸州法院。

小结：虽然移送管辖案件中涉及诉讼保全续行、变更或解除的案件比例较低，但其处理流程存在较为混乱的状态，存在脱保的风险。

二、现状检视：移送管辖诉讼保全中的问题与风险

（一）突出问题：标准不一下的衔接不畅

由于在移送管辖案件诉讼保全办理中的标准不统一，导致在移送中容易出现以下问题。

1. 移送管辖时保全材料未一并移送

保全裁定均由审判部门制作，由执行部门保全组实施保全措施，但审判部门在办理移送管辖时往往容易忽略保全裁定的移送，未及时通知执行局，导致保全案件相关材料未一并移送。根据调研情况，部分地区的民事案件在审理阶段进行了全案移送，但相关"执保"案件卷宗中并无移送记录。原保全措施的续行、变更或解除由申请人向移送法院申请，如乐山法院。

2. 移送管辖后信息反馈不及时

在实际工作中，存在立案部门移送管辖的具体情况与保全部门沟通不及时，各级法院采取措施存在一定程度差别等现象，移送法院和受移送法院相互间信息衔接不畅形成信息差，影响案件办理。特别是在民初

卷宗和财保卷宗通过机要件移送的过程中，受移送法院未及时接收并反馈案卷接收信息，移送法院无法得知卷宗的移送进度等相关信息，在申请人询问移送进度时无法告知其准确、具体的情况，造成部分申请人的不理解，矛盾容易激化。

3. 移送管辖后保全处理不统一

如前所述，移送管辖后的诉讼保全需要续行、变更或者解除时，保全措施处理的不统一导致实践中存在原管辖法院与受移送法院互相推诿的情形。另外，受移送法院在处理移送法院保全财产时，一般因保全是执行部门实施而直接联系执行部门，但执行部门认为保全的移送应在审判部门一并解决，而将问题推至移送法院审判部门，而移送法院审判部门因法律无具体规定一般不愿意涉及保全问题，因此部分移送法院执行部门为解决受移送法院处置财产的障碍，一般会单独出具移送函，如成铁法院。

4. 与协助单位沟通不畅

由于移送管辖案件保全工作没有统一具体的操作规定，法院与执行协助单位之间也未达成统一认识或操作流程，相关执行协助单位往往只认可原作出保全裁定的法院有权进行后续保全措施，在受移送法院前往办理相关保全措施时往往不予及时配合，需受移送法院做大量解释、协调工作。因移送管辖案件诉讼保全往往涉及多个法院，需要较长的时间和更高的成本进行沟通。调研发现，部分协助单位以裁定保全法院与续行、变更或解除保全的法院不一致为由，拒绝办理协助手续。成都、南充、绵阳、眉山等7个地区存在协助单位拒绝协助的情况（见表3）。

表3 由受移送法院办理保全变更时协助单位的配合情况

序号	执行协助单位协助情况	地区	地区数量（个）
1	存在拒绝协助情况	成都、南充、绵阳、眉山、泸州、广安、成铁	7

续表

序号	执行协助单位协助情况	地区	地区数量（个）
2	不存在拒绝协助情况	自贡、资阳、宜宾、雅安、遂宁、内江、乐山、广元、达州、巴中、凉山	11
3	未涉及诉讼保全变更	德阳、攀枝花、甘孜、阿坝	4

（二）风险预警：保全目的不能实现

由于存在以上问题，使得法院诉讼保全工作中的风险显著提升。当事人申请诉讼保全，是期望其胜诉权益能得以实现。因此，申请保全一方的保全目的不能实现的风险远高于法院错误保全另一方主体（包括案外人）的财产的风险，极易激化当事人与法院之间的矛盾。

1. 衔接中的脱保风险

一是时间届满后的脱保。案件移送管辖后保全标的可能不在受移送管辖法院辖区，需要原移送法院协助办理，由于移送法院与受移送法院之间对于诉讼保全之间的办理流程、办理时限、争议解决无明确规定，在实践中可能造成续保不及时甚至保全脱节的情况。另外，因技术壁垒也会导致衔接不畅，引发脱保问题。受移送法院对原保全法院网络查控财产不能直接在系统中完成后续续封或解除等相关工作，委托移送法院处理等待时间长，极易造成保全措施的脱保等问题。二是无法实质监管动产导致脱保。针对动产的保全未实际控制导致无法实质移送，如机器设备、机动车等，移送管辖后因管辖地和财产所在地不一致，此时因无法随时监管，可能会出现因脱管导致的脱保。

2. 首封变轮候查封的风险

调研发现，原管辖法院针对不易转移或者未实际控制的保全财产，在移送之时会先行解除保全，再由受移送法院重新作出裁定并保全。也存在由受移送法院作出保全裁定后，原管辖法院解除保全措施的做法。但该两种情形都存在受移送的法院若重新采取保全措施，由首查封法院变更为轮候查封的风险。

3. 保全费收取不明的风险

实践中,由于法院办理诉讼费移交手续繁杂,移送法院一般会将诉讼费直接退还给当事人,由当事人再去受移送法院重新办理缴纳手续。但针对保全费用,有地区法院认为保全措施已作出,此时不会将保全费退还当事人,也不会将保全费移交给受移送法院。而受移送法院在未收到保全费时,有的法院会拒绝开展保全续行、变更或解除工作。这种情况下,当事人面临无法申请退还保全费,而移送后将再缴纳一次保全费的情况,不合理增加当事人的费用负担,导致当事人与法院之间矛盾激化。

三、原因分析:影响移送管辖案件诉讼保全工作的因素

(一)规则供给不足:缺乏统一具体的法律或制度

1. 法律法规、司法解释层面

目前,案件移送管辖后原保全裁定是否继续有效,保全措施是否解除,移送后向哪个法院申请续行、变更、解除,由哪个法院出具裁定,由哪个法院进行办理,保全费用如何移送等问题在法律法规、司法解释中没有明确规定,同时各地法院及法官对现有相关规定理解不一,导致实务中操作方式杂乱多样,甚至会出现案结而保全措施无法解除的困境。

《最高人民法院关于适用〈中华人民共和国民事诉讼法〉的解释》(以下简称《民事诉讼法解释》)第160条[①]对于诉前财产保全管辖权移送作了明确规定,即采取诉前保全措施的法院应将保全手续移送受理案件的法院,但对于采取诉中保全后案件管辖发生变化的问题未作明确规定。《民事诉讼法》对移送管辖作出了原则性规定,并未就保全措施在法院之间如何衔接、保全措施如何变更等问题进行规定,造成实务处理的

[①]《民事诉讼法解释》第160条规定:"当事人向采取诉前保全措施以外的其他有管辖权的人民法院起诉的,采取诉前保全措施的人民法院应当将保全手续移送受理案件的人民法院。诉前保全的裁定视为受移送人民法院作出的裁定。"

问题和障碍。根据《民事诉讼法解释》第165条①的规定，移送案件涉及的财产保全措施，原案件受理法院一旦作出保全裁定，只有作出保全裁定的法院有权自行解除或者由其上级法院决定解除保全措施。《最高人民法院对十三届全国人大五次会议第7481号建议的答复》中指出，尽管《民事诉讼法解释》第160条规定的是诉前财产保全，但该条规定精神可参照适用于诉中财产保全，原作出诉中保全裁定的法院移送管辖，其实质是对案件进行移送，受移送法院在取得实际审理案件争议的权限后，应当一并取得与诉讼有关的保全等附随权力，即受移送法院依法取得对原保全裁定予以变更或解除的权力，这样可以减轻当事人诉累，公平保护各方当事人利益。该答复大致明确了受移送法院有保全措施后续变更的权力，但变更诉讼保全措施的流程、网络查控和线下查控措施的变更等具体问题仍不明确。根据《人民法院诉讼费管理办法》第9条②、第12条的规定，移送法院应当在移送案件资料时将诉讼费移交受移送法院。关于保全费用是否参照诉讼费用退还或移送尚无明确规定，即若由受移送法院重新立执保案件并采取保全措施后，新的执保案件保全费用是由申请人重新缴纳然后再去移送法院申请退还原保全费，还是直接由移送法院移送保全费，尚无定论。

2. 地方性规范层面

由于该类案件一般基数较小，多数地区都是采取个案化解的模式进行消解，并没有形成长效机制。同时，类似案例较少，缺乏对移送管辖案件诉讼保全方面的借鉴和学习渠道，各地也尚未形成完备的工作流程。

---

① 《民事诉讼法解释》第165条规定："人民法院裁定采取保全措施后，除作出保全裁定的人民法院自行解除或者其上级人民法院决定解除外，在保全期限内，任何单位不得解除保全措施。"

② 《人民法院诉讼费管理办法》第9条规定："移交案件诉讼费的收取和移转。（一）人民法院受理案件后，经依法审查决定移送其他同级人民法院审理、移交上级人民法院审理或指定下级人民法院审理的，以及当事人提出管辖异议，上级人民法院经审查后决定指定管辖的，由原受理案件并收取当事人预交诉讼费的人民法院，在移送案件材料的同时将当事人预交的诉讼费转至接受案件的人民法院，并通过指定银行缴入国库。（二）人民法院受理执行案件后，需要异地执行并决定委托实际执行地法院代为执行的，由受理案件的人民法院在委托执行地法院代为执行的同时，将当事人预交的执行费用转至受委托代为执行的人民法院，并通过指定银行缴入国库。"

从调研情况看,四川各地出台相应制度文件规范移送管辖案件诉讼保全工作的法院屈指可数,只有遂宁中院、新都法院出台了相关规定[遂宁中院出台《关于规范诉前和诉讼中保全工作的通知》、新都法院出台《关于进一步规范财产保全工作的实施细则》《关于集中办理保全案件的若干意见(试行)》《关于实施保全案件的补充规定(试行)》],但由于适用地域的限制,也无法形成一定范围内的统一操作流程。

(二)平台支撑乏力:无法线上直接关联和操作

1. 无法线上关联原保全案件

移送法院采取网络查控措施后,受移送法院无法关联或者绑定原保全案件,不能对移送法院的网络查控保全措施进行续封或解除。若当事人采取诉前财产保全措施,则由移送法院执行部门在网络查控系统进行线上操作,当案件管辖权发生变化后,续封、变更、解除等措施由受移送法院办理时,限于查控系统操作的局限性,续封、变更、解除等措施只能委托移送法院操作。

2. 无线上交接处置权限

诉讼案件移送管辖后,在受移送法院应一并接收保全措施的情况下,实践中受网络总对总系统限制,受移送法院无法在系统中关联移送法院保全案件,当然也没有权限在系统中采取后续保全措施。当案件进入执行程序后,受移送法院也无法采取网络扣划措施,网络查控措施在移送法院与受移送法院之间缺少互通渠道,不能直接线上交接权限,需线下采取冻结、解冻等措施或移送法院解除措施后才能扣划,导致工作接续不便,工作效率低。受移送法院在涉及网络查控措施的处理时,往往需要委托原管辖法院才能处理,又必须和原管辖法院协调,而在原管辖法院已经结案的情况下续封或解封又会存在问题,进一步增加了执行工作的难度。

（三）联动不足：内外部协调配合不紧密

1. 法院之间协作不充分

法院之间衔接机制不畅，对相关争议问题未及时沟通协调，在辖区内未形成统一工作流程，原管辖法院对案件缺乏跟踪，受移送法院对案件缺乏具体问题上的协调，导致受移送法院对原管辖法院诉讼保全过程不了解，需要反复向原管辖法院、当事人沟通，否则容易引发信访问题或再次激化矛盾。法院内部相关部门之间协调不足，由于审执分离原则的现状，审执部门信息沟通共享不及时、不全面，审理部门移送案件管辖时疏于向执行部门告知、沟通，移送案卷中缺乏保全手续等材料，还可能造成案件已经移送但保全措施还在原管辖法院，甚至案件已经结案，但因原管辖法院保全措施无法解除而引发新的诉讼。

2. 外部执行联动不顺畅

根据调研情况，部分地区受移送法院办理诉讼保全的续行、变更或解除时，存在执行协助单位拒绝配合的情形。分析原因，除了法律没有统一具体的规定外，亦由于部分地区没有与执行协助单位建立健全相关工作机制，未发挥协调议事机制作用，对移送管辖案件诉讼保全措施的续行、变更或解除需要的材料和手续等问题沟通对接力度不够，进而导致执行协助单位不支持、不配合。

四、对策探索：优化移送管辖案件诉讼保全工作的建议

（一）规则确定：强化法律制度保障

1. 完善法律法规

为从根本上解决目前处理方式混乱的问题，必须制定统一的规范性文件或在法律、司法解释中增加专门的条款，对办理的法院及相关具体流程等争议解决问题进行规范。由于财产保全不是一个单独存在的程序，必须依靠案件诉讼程序而存在，因此案件移送管辖后受移送法院基于对

案件的管辖权，当然取得对案件实体上的审判权和程序上的处置权。如果变更或者解除保全措施仍由原管辖法院实施，不但有悖于法理，还可能对受移送法院的管辖权、案件实体审理权和程序处置权造成妨害，而且在原管辖法院已结案的情况下再作出保全类的裁判文书，缺失案件依据，也会造成操作不便。因此建议从立法上加以明确，规定在保全法院和受移送法院不一致的情况下，由受移送法院决定后续的一切保全措施事宜。

建议出台相关规范性文件，对于管辖法院发生变化的案件，规范移送法院与受移送法院关于已采取的保全措施的处理和衔接，确保保全措施的移交及后续处理的连续性，避免法律认识分歧，增加当事人不必要的诉讼负担和风险。在立法尚未调整的情况下，建议按照《最高人民法院对十三届全国人大五次会议第7481号建议的答复》观点，要求无论是诉前保全、诉中保全均在案件移送时一并移送，即明确取得管辖权后就依法取得保全措施的决定权，受移送法院决定后续的一切保全措施。

2. 制定相关操作规范

从全省实际情况出发，研究出台移送管辖案件诉讼保全的规范性文件，明确办理原则和流程，作为辖区法院开展工作的依据。设置移送管辖案件诉讼保全工作的衔接相关规定，主要规范网络资金或银行存款续行冻结、解冻、扣划办理，同时，规范原管辖法院和受移送法院间的沟通协作配合，规范移送管辖案件诉讼保全办理流程和责任，依法维护当事人的合法权益。发布相应典型案例和类案指导意见，指导类案办理，提升全省该类案件办理的规范化水平。

（二）流程设置：形成良性运行机制

1. 申请人向受移送法院提出申请

按照前述最高人民法院的答复，受移送法院已经取得移送法院的保全措施变更权力，原管辖法院就不应再享有对该案的保全措施的变更权力，即受移送法院及其上级法院单独享有诉中保全续行、解除或变更权力,原管辖法院只能通过受移送法院委托方式辅助办理,当事人向原管辖法院申请解除或变更财产保全于法无据。诉讼保全是当事人基于权益保障而行使的程序性权利,但这种权利是自实体法确认权利之际已存在,来源于当事人实体权利所固有的请求权。① 因此,管辖权移送后,当事人实体请求权也相应移送。原管辖法院应在移送裁定中告知当事人诉讼保全后续事项应向受移送法院提出申请,由受移送法院负责办理。若当事人向移送法院提交申请,移送法院应告知其向受移送法院提交。

2. 受移送法院对原保全裁定进行审查

如前所述,当事人申请保全的权利来自当事人实体权利所固有的请求权,案件移送管辖后,该请求权由当事人向受移送法院主张,并由受移送法院审查。此时,受移送法院当然取得对当事人保全申请的审查权,原保全措施会成为事实上的"越权行为"(原管辖法院越权行使了受移送法院的法定职权)。因此,受移送法院可对该诉讼保全行为的效力进行审查和认可,即原管辖法院将包括诉讼保全在内的全部案卷材料均移送给受移送法院,受移送法院对其认可的保全措施作出相应裁定予以维持,对不合法或不适当的保全措施予以变更、解除。

3. 受移送法院办理保全措施的续行、变更或解除

在采取保全措施的法院将案件移送至有管辖权的法院审理时,应当在移送函中明确受移送法院决定保全措施的续行、变更或解除事宜。受移送法院收到当事人申请后,根据实际情况作出保全续行、变更或解除的裁定,再持相关材料到执行协助单位办理手续,不仅能够减轻当事人诉累,还可以有效避免协助执行单位以《民事诉讼法解释》第165条为由不配合的情况。

---

① 参见郭小冬:《诉讼保全的实体法视角及其展开》,载《北方法学》2021年第1期。

（三）系统升级：消除实际操作中技术壁垒

1. 实现案件线上关联

对执行案件管理系统进一步升级，使移送管辖后的案件能够与原诉讼案件、保全案件、执行案件互相关联和对应，移送法院和受移送法院均能够在系统中查看案件情况和保全情况，以便能清晰全面了解案件整体情况和具体进展，提高法院之间、法院与当事人之间的沟通效率。

2. 实现保全权限交接

在总对总系统网络查控中赋予受移送法院操作权限，将移送法院保全措施的权限交给受移送法院，实现移送法院与受移送法院之间的线上查控权限交接，解决总对总系统网络查控受移送法院不能进行续封或解除的问题。如此，受移送法院不需要委托移送法院，即可直接办理续封、变更、解除等事项。进一步完善查控系统建设，在续封、变更或解除等操作中增加一键操作或批量操作方式，提高工作效率。

（四）行为规范：确保诉讼保全变更高效办理

1. 完整移送案件材料

原管辖法院应保证移送案卷的完整性，裁定案件移送管辖后，原管辖法院应将包括保全手续、保全费用材料等在内的全部案卷移送有管辖权的法院，并在移送裁定中载明保全措施和后续处理建议。案件属于执行过程中再移送的，对已经冻结的银行存款或即将到期的查封措施，原管辖法院可以及时采取相应扣划措施或续行查封后再行移送，避免脱保情形出现。

2. 及时告知移送情况

要实现信息互通，法院之间应就移送案件的移送进度、具体情况、保全变更等加强沟通，避免因沟通不到位增加当事人诉累及司法成本。原管辖法院应及时告知当事人案件管辖法院变动情况、后续保全措施变更流程，确保信息传递效率；受移送法院在受理案件后，对原法院采取的保全措施可以向当事人作书面的确认，告知其后续的续行、变更或解除等保全措施可经当事人申请，在受移送法院直接开展，提高司法资源的利用效率。

3. 切实加强执行联动

在统一的规范出台之前，各地区与相关执行协作单位应深入对接，就受移送法院办理移送管辖案件诉讼保全措施的续行、变更或解除需要的手续和材料达成一致意见，确保相关工作顺利开展。鉴于原保全裁定作出法院和保全的续行、变更或解除裁定作出法院不一致，受移送法院应当在协助执行通知书中写明案件移送管辖的经过、保全案件基本情况等，并向执行协助单位提交移送裁定、协助执行通知书、移送函、保全变更裁定等材料。

五、结语

案件移送管辖前已采取保全措施的，移送管辖后保全措施需要续行、变更或解除的案件基数虽然不大，但由于缺乏统一法律规则供给、执行系统支撑不足、内外部执行联动乏力，存在法院之间衔接不畅，续行、变更或解除处理方式混乱的情况，极易引发诉讼保全脱保的风险，也可能造成当事人与法院之间的矛盾对立。为解决前述问题，本文提出了完善法律规定强化制度保障，明确操作流程形成良性运行机制，升级执行系统消除技术壁垒，规范移送相关行为确保诉讼保全变更高效办理等建议，力图唤起全省法院对移送管辖案件诉讼保全的高度关注，并试图明确统一移送管辖诉讼保全续行、变更或解除的处理路径和方法，以期规范移送管辖后保全措施的续行、变更或解除程序，避免潜在风险，保障人民群众合法权利，实现公正与效率双赢，为切实解决执行难目标的实现贡献绵薄之力。

执行分配方案异议权利救济调研报告

——程序与实体异议识别路径探索

张莹莹[*]　陈　越[**]

摘要：法谚曰：没有救济，就没有权利。救济机制的设置是程序正义的基本体现，但正义实现的前提在于权利救济路径的正确适用。参与分配程序中，最高人民法院的司法解释虽赋予债权人与被执行人针对分配方案的异议权，但并未明确适用分配方案异议之诉的异议理由。程序性与实体性异议执行救济途径的功能定位与价值选择存在本质区别，救济途径的错误适用是对公正与效率的双重损害。因此，有必要建立过滤机制正确区分针对分配方案提出的异议性质以保障争议有序、高效解决；同时，执行实施中制作分配方案应把握"同一被执行人"这一内在核心，以表格形式规范载明主体、客体以及分配顺位、比例等重点要素，避免执行法院在分配方案中载入与分配无关联的执行行为，造成多种权利救济的混淆。

引言

参与分配程序的适用，是司法实践的现实需要，且在个人破产理论

---

[*] 成渝金融法院执行局一级法官助理。
[**] 成渝金融法院执行局四级法官助理。

与实践研究条件成熟前,其有确保债权平等受偿的清算功能补位的必要。实践中,有多个债权人对同一被执行人申请执行或者对执行财产申请参与分配的,主持分配法院应依法制作分配方案。分配方案事关各方当事人切身利益,分配程序、条件等的细微差异都可能对最终债权的受偿产生重大影响,尤其在债权人众多、可分配财产又不足以清偿全部债权的情况下,各债权人之间、债权人与被执行人、各方当事人与主持分配法院之间在认识上产生分歧较为常见,分配方案异议已逐渐成为执行异议的一项重要事由,针对分配方案提出的异议或者适用执行分配方案异议之诉的案件数也总体呈上升趋势。① 司法实践中发现,一方面,主持分配法院简单适用《最高人民法院关于适用〈中华人民共和国民事诉讼法〉的解释》(以下简称《民事诉讼法解释》)第 510 条,对分配方案异议理由不加甄别径行引入执行分配方案异议之诉,适用实体救济途径解决程序性异议,损害强制执行效率;另一方面,由于对参与分配制度的适用程序要件、功能定位以及各类执行救济途径功能、区别的理解深度不够,主持分配法院制作分配方案记载事项繁杂混乱,企图"一揽子"明确诸多执行行为,导致异议类型难以识别,适用法律错误引发程序空转,公正与效率双失。本文将从实证分析切入,厘清程序与实体异议差异,审视分配方案制作的误区,以探索分配方案异议性质识别路径。

一、实践考察:执行分配方案异议权利救济现状分析

(一) 分配方案异议权利救济样本分析

1. 从量上分析

笔者在聚法检索案例库中检索到最高人民法院和各地高院近五年受理的 141 件分配方案异议执行复议、监督案件,最高人民法院和各地高

---

① 笔者在中国裁判文书网以"执行分配方案异议之诉"检索的结果显示,案件数从 2016 年至 2021 年依次为 676 件、1166 件、1786 件、2485 件、2929 件、2453 件,检索日期为 2024 年 10 月 28 日。

院近五年受理的442件分配方案异议之诉二审、再审案件,并进行实证分析。① 基于四级法院职能定位考量,突破中基层法院,争议进入高院、最高人民法院视野进行定分止争的案件数并不少。样本中争议焦点关键词中"是否适用执行行为异议审查程序"有112件,"是否适用分配方案异议之诉程序"有68件,"优先受偿权"有63件,"执行行为是否违法"有71件。可知,分配方案异议中对分配方案异议救济途径争议占比较高,见表1。

表1 分配方案异议权利救济途径及裁判结果统计

分配方案异议	适用程序（件）	裁判结果（件）						
		维持原判决/裁定	指令再审	中止审理	驳回申请	提审	撤销原判决/裁定	撤回申请
分配方案异议之诉	二审（223）	134	0	2	0	0	61	26
	再审申请（219）	0	10	0	182	18	3	6
分配方案异议审查	复议（101）	70	0	0	0	0	30	1
	执行监督（40）	0	0	0	25	0	15	0

2. 从争议焦点分析

经分析上述实证样本,共梳理出申请参与分配截止日确定、优先受偿权确定等18项异议理由,其中关于清偿顺序、被执行人基本生活保障预留、优先受偿权确认、债权金额计算、参与分配资格确认、待分配财产范围确定等分配方案异议事由存在既有通过执行异议、复议审查进行权利救济的案例,又有通过分配方案异议之诉实现权利救济的案例。既有在执复、执监程序中对实体异议理由,错误赋予程序救济权利的评判

---

① 笔者以"分配方案异议"+"执行监督/复议"+"最高人民法院/高级人民法院"+"近五年"为关键词从聚法检索案例库调取了最高人民法院及各地法院执行复议、监督案件141件,以"分配方案异议之诉"+"二审/再审与监督"+"最高人民法院/高级人民法院"+"近五年"为关键词从聚法检索案例库调取了最高人民法院及各地法院执行分配方案异议之诉案件442件为分析样本。

案例；也有在二审、审监程序中对程序理由，错误赋予实体救济权利的评判案例。可见在实践中，对于不同分配方案异议事由适用何种救济途径认识并不统一。但是，必须认识到对程序性异议错误赋予实体救济权利，损害强制执行效率；反之，则侵害权利人的实体权益。因此，研究甄别执行程序中分配方案异议的性质以赋予当事人适当的救济途径具有现实意义，见表2。

表2 两种救济途径中争议焦点归纳

执行异议复议审查	两种方式均有适用	分配方案异议之诉
1. 对分配方案提出的异议是否受理 2. 分配中能否以物抵债 3. 人民法院受理破产清算申请后，尚未发放的拍卖款在何种程序中分配 4. 未制作分配方案，径行发放案款是否违法 5. 申请参与分配的截止日如何确定 6. 对企业法人是否适用参与分配 7. 分配方案及异议意见的送达程序是否违法 8. 对第三方审计核算报告的异议处理	1. 债权清偿顺位的认定 2. 分配方案是否为被执行人预留租金等基本生活保障 3. 债权人优先受偿权的认定 4. 违约金、债务利息、复利、罚息等如何计算 5. 债权人参与分配资格的认定 6. 分配财产范围的认定 7. 夫妻共同财产分割	1. 参与分配的执行依据是否合法有效 2. 被执行人财产是否足以清偿全部债务

（二）两种救济途径适用存在问题分析

1. 部分异议事由救济途径适用错误

从表2可以看出，检索案例中针对分配方案提出的部分异议理由，两种救济途径均有适用的情形。通常情况下，异议理由要么涉及实体问题，要么涉及执行法院执行行为违法，因此部分目标案例客观存在法律适用错误的问题。

2. 异议理由实质认识不清

以债权人对为被执行人预留基本生活保障费用异议为例，虽然各债权人会因预留与否而实质获益,但是预留基本生活保障费用实质是法律或司法解释规定豁免执行财产范围的问题,虽然记载在分配方案中,但并不是被执行人参与分配自己责任财产的问题。因此,对分配方案中为被执行人预留租金等基本生活保障费用的异议系执行行为异议,而不属于分配方案异议之诉要解决的问题。另外,以建设工程变价款分配中实际施工人主张优先受偿为例,其优先受偿权主张的成立与否直接影响各债权人受偿比例、金额等实体权益,则属于分配方案异议之诉需要解决的问题。

3. 分配方案记载事项混乱

实践中,制作分配方案时往往会从广义的角度理解分配。以分配方案中涉及夫妻财产分割的问题为例,法院径行分割夫妻共有财产,并将该事项记载入分配方案中,如案件当事人或者夫妻中非案件当事人一方针对共有财产分割提出异议,在甄别异议类型时,客观上会存在执行行为异议、案外人异议与分配方案异议的混淆。部分执行法院想当然地将异议引入分配方案异议之诉,当事人诉讼程序走了几年却未解决实际问题。

(三)分配方案异议权利救济规定梳理

1. 现行司法解释

我国《民事诉讼法》未对参与分配制度作出系统性的规定,司法实践中主要依据最高人民法院的相关司法解释进行处理。参与分配程序的出现最早可追溯到1992年《最高人民法院关于适用〈中华人民共和国民事诉讼法〉若干问题的意见》,到1998年最高人民法院研究出台针对强制执行程序的专门规定《最高人民法院关于人民法院执行工作若干问题的规定(试行)》(以下简称《执行若干问题规定》)对参与分配进行了细化,但均未涉及对参与分配救济机制的深度考虑,直至自2009年1月1日起施行的《最高人民法院关于适用〈中华人民共和国民事诉讼法〉执行程序若干问题的解释》首次作出关于参与分配程序中权利救济的规定，后在 2015 年《民事诉讼法解释》进行更为系统、详细的规定。但是对于适用分配方案异议之诉的情形，司法解释仅概括性表述为"债权人或者被执行人对分配方案提出书面异议的"，未考虑到对不同异议事由应适用不同救济途径，以兼顾公正与高效，且契合执行基本规律。

2. 地方性指导意见

实践中，为解决案款分配及参与分配中的疑难问题，北京高院、重庆高院在指导性意见中规定，债权人与被执行人针对分配方案提出的异议，主持分配法院有必要对异议理由进行形式审查，正确区分程序异议与实体异议以准确释明救济途径，对适用分配方案之诉审理的情形、适用执行异议审查的情形进行了列举。对照上述样本中梳理的异议事由，两地高院在指导性意见中列举的情形显然并未完全涵盖。因此，区分分配方案异议属实体争议还是程序争议，不仅在于对号入座，更应深层次领悟二者的本质差异，从而获取异议性质识别的方法论，见图 1。

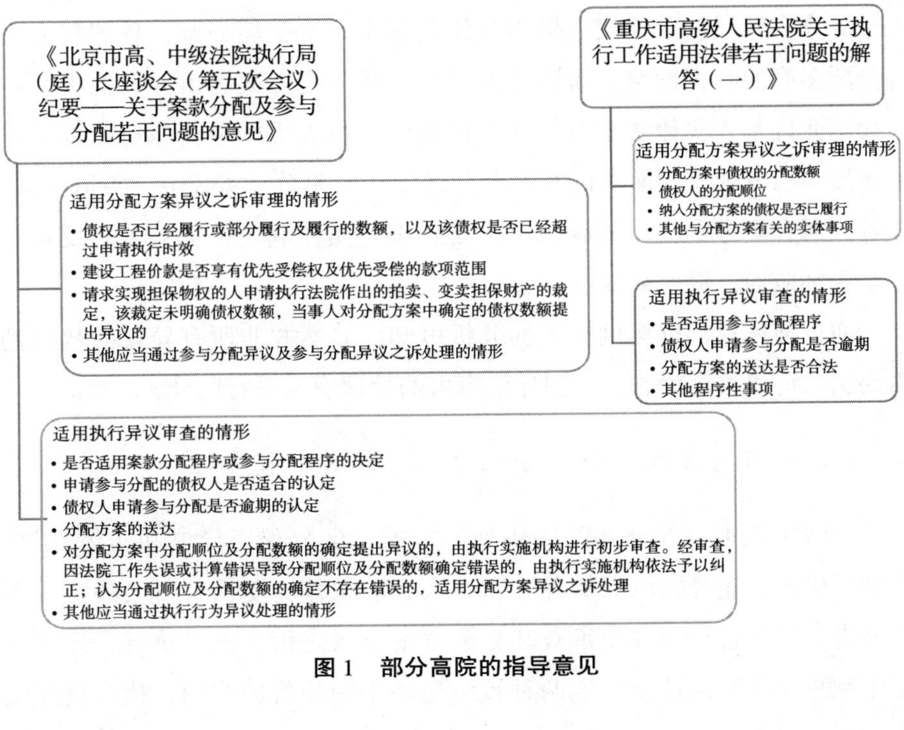

《北京市高、中级法院执行局（庭）长座谈会（第五次会议）纪要——关于案款分配及参与分配若干问题的意见》

适用分配方案异议之诉审理的情形
- 债权是否已经履行或部分履行及履行的数额，以及该债权是否已经超过申请执行时效
- 建设工程价款是否享有优先受偿权及优先受偿的款项范围
- 请求实现担保物权的人申请执行法院作出的拍卖、变卖担保财产的裁定，该裁定未明确债权数额，当事人对分配方案中确定的债权数额提出异议的
- 其他应当通过参与分配异议及参与分配异议之诉处理的情形

适用执行异议审查的情形
- 是否适用案款分配程序或参与分配程序的决定
- 申请参与分配的债权人是否适合的认定
- 债权人申请参与分配是否逾期的认定
- 分配方案的送达
- 对分配方案中分配顺位及分配数额的确定提出异议的，由执行实施机构进行初步审查。经审查，因法院工作失误或计算错误导致分配顺位及分配数额确定错误的，由执行实施机构依法予以纠正；认为分配顺位及分配数额的确定不存在错误的，适用分配方案异议之诉处理
- 其他应当通过执行行为异议处理的情形

《重庆市高级人民法院关于执行工作适用法律若干问题的解答（一）》

适用分配方案异议之诉审理的情形
- 分配方案中债权的分配数额
- 债权人的分配顺位
- 纳入分配方案的债权是否已履行
- 其他与分配方案有关的实体事项

适用执行异议审查的情形
- 是否适用参与分配程序
- 债权人申请参与分配是否逾期
- 分配方案的送达是否合法
- 其他程序性事项

图 1 部分高院的指导意见

二、深度审视：执行参与分配救济途径思考

执行程序中，为使当事人或利害关系人的合法权益免受违法或者不当执行行为的侵害，针对不同的情形，通过法律设置不同的救济方法和救济程序，是以构成执行救济体系。如前所述，参与分配程序中权利救济的规定最早追溯到2009年，是执行救济体系中实践适用时间较短、程序设计较独特的存在，分配方案制作、救济权利释明以及分配方案异议之诉等都有需要解决的疑问。

（一）分配方案异议权利救济规定的文义追问

按照我国适用参与分配程序的流程，分配方案作出后，主持分配法院应送达给各债权人和被执行人，《民事诉讼法解释》规定"债权人或者被执行人对分配方案提出书面异议的，执行法院应当通知未提出异议的债权人、被执行人"。从文义上看可知，针对分配方案，债权人或被执行人平等享有异议权。债权人提出异议是基于平等受偿原则，各债权人之间分配多寡的利害冲突，而债务人可以针对分配方案提出异议的根源在于我国允许基于实体法享有优先受偿权的债权人无须取得执行依据，即可直接参与分配，因而对债务人产生直接利害关系。实践中，各债权人、债务人对分配方案提出的异议事由是否都与实体利益攸关，若有反对意见是否都应通过诉讼来裁决？

通过前述对抽取案例样本的分析可知，显然并非所有异议的救济都需要引入诉讼程序处理，不同异议事由的处理应当进行区分。

（二）行为异议审查与分配方案异议之诉差异性

司法实践中，部分高院采用列举方式，区分程序异议和实体异议，分别提供救济途径，以保护各方当事人合法权益免受执行行为违法或不当侵害，即执行行为异议审查和分配方案异议之诉。民事执行程序与民事审判程序的不同性质决定两种救济途径不同的价值取向，执行程序追

求效率至上，以快速、及时实现生效法律文书确定的义务为己任，而民事审判程序追求程序与实体公正，以公平公正解决各方争议为基本使命。因此，对实体争议赋予权利人通过诉讼程序主张，符合权利救济的内在逻辑，见图2。①

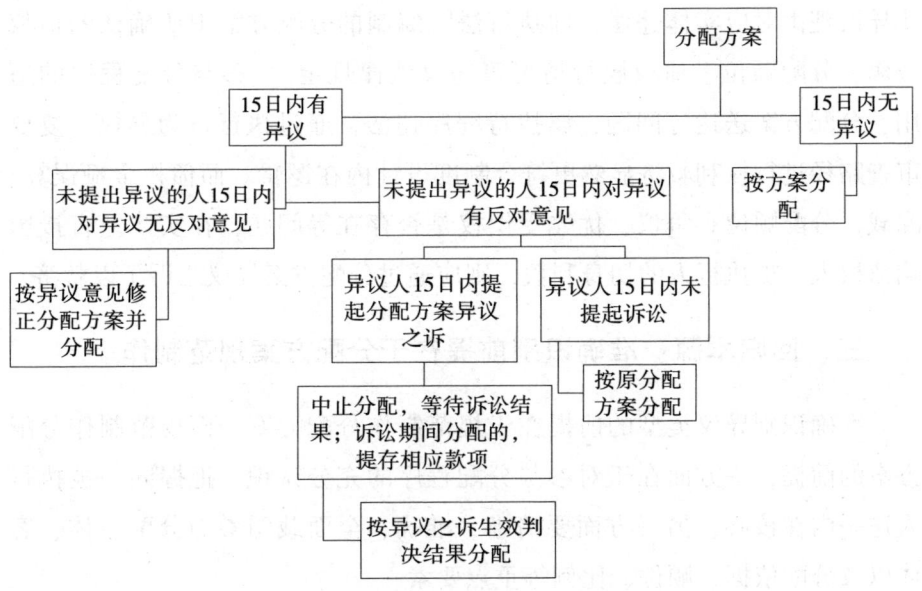

图2 分配方案异议权利救济

区分程序性异议和实体性异议的目的在于赋予当事人适当的救济程序。《民事诉讼法解释》第510条规定，对分配方案提出异议的债权人或被执行人可以提起分配方案异议之诉，对该条中异议的理解应限于实体性异议，旨在通过审判程序厘清债权人及被执行人间的权利义务关系。对于程序性异议，应适用执行中的一般救济程序，即根据《民事诉讼法》第236条提出执行异议及申请复议，旨在审查法院的执行行为是否符合法定程序。

---

① 参见杨柳：《比较与借鉴：中德执行分配方案异议之诉的制度架构分析》，载《法律适用》2011年第8期。

（三）区分程序理由与实体理由的应然性

程序异议理由对应程序违法，即执行法院编制的分配方案确认的债权金额和分配顺序并无不当，但是制作方法或者程序方面存在瑕疵。实体异议理由对应实体违法，即执行法院编制的分配方案中所确认的债权金额、分配顺位、债权履行情况等违反法律规定。[①] 参与分配程序的适用、分配方案送达等问题，属执行程序违法，通过执行行为异议、复议审查路径进行权利救济显然更符合制度设计内在逻辑。而债权金额误算、漏载，分配顺位有争议，优先受偿权是否存在等问题，在实体上直接影响债权人、被执行人的切身利益，则应通过分配方案异议之诉予以救济。

三、回归本源：准确识别前提在于分配方案规范制作

准确识别异议类型的前提在于规范制作分配方案，而规范制作分配方案的前提，一方面在于对参与分配程序的充分认识，把握同一被执行人这一内在核心，另一方面要清晰、准确、全面载明参与分配主体、客体以及分配依据、顺位、比例等重点要素。

（一）适用参与分配程序的要件再认识

理论上，债务人以其全部财产对债权人的债权承担责任，债权人均有权就债务人的责任财产获得相应顺位、份额的受偿。域外均设立有宽严程度不等的参与分配制度，令满足一定条件的债权人参与对财产变价款的分配以获得受偿，德国、日本采用的是特定财产参与分配模式。[②] 具体而言，满足条件的债权人可在一定期限内申请参与对特定财产的变价款分配，执行机关应依职权在一定范围内的债权人之间分配特定财产的

[①] 参见王娣、王德新、周孟炎：《民事执行参与分配制度研究》，中国人民公安大学出版社、群众出版社2019年版，第311页。

[②] 参见陈航平：《中国民事强制执行法重点讲义》，法律出版社2023年版，第180页。

价款。① 只是在分配顺位上，各国持有不同价值取向的立法例。德国采优先原则，简而言之，即以债权人查封顺位的先后受偿；日本采平等原则，又称比例原则，即债权人除非享有实体法规定的优先受偿权，否则，不能取得优先顺位。普通债权分配顺位上，我国一直以来采平等原则。

1. 债权人相关要件

第一，两个以上金钱给付债权人。适用参与分配的前提是债务人责任财产不足以清偿全部债权，至少有两个以上债权人。债权限于金钱给付债权，原因在于金钱给付债权的同质性与可分割性。②

第二，债权人已取得执行依据或基于实体法享有的优先受偿权。1998年《执行若干问题规定》施行后，排除了普通债权已起诉但尚未取得执行依据的参与分配，将主体限定为已经取得执行依据的普通债权人。现行司法解释对参与分配主体严格作限缩解释，既出于制度本身的强制属性，也合乎"审执分离"基本原则。对于基于实体法享有优先受偿权的债权，通说认为债权人无须取得执行依据，可直接参与分配，但仍需提交相关权利证明材料。

第三，债权人在法定期限内提出参与分配申请。现行司法解释对参与分配截止时间的表述过于原则、笼统，亦未区分不同的财产类型进行差异化的考量、设计，导致实践中各地法院结合自身实践与对不同程序价值的取舍，对参与分配截止时间的确定作出不同选择。合理确定参与分配截止时间，是理论界与实务界争议最大的重点、难点问题，是守好参与分配制度之门的关键。实践中诸如产权变动模式、分配方案送达模式、案款实际发放日模式、法院指定日期模式、案款到账日期模式③均有适用，在此不一一详细评述。从最高人民法院的判例看，只要待分配的

---

① 参见[德]弗里茨．鲍尔等：《德国强制执行法》，王洪亮等译，法律出版社2019年版，第768~769页。
② 参见肖建国、庄诗岳：《论民事执行实施权的优化配置——以我国的集约化执行改革为中心》，载《法律适用》2019年第11期。
③ 参见何定洁：《民事执行中参与分配截止时间的规定——基于制度功能定位的审视》，载《法律适用》2023年第4期。

变价款尚在执行法院账户，那么执行程序就不认定为终结，在这之前，新的债权人就还可以申请参与分配，但这以牺牲执行效率为代价。因此，为避免争议，有必要从顶层设计进一步明确提出参与分配申请的期间。

2. 债务人相关要件

第一，债务人是企业法人、自然人、非法人组织等民事主体。基于参与分配制度的功能定位，通常所指应为狭义的参与分配，指被执行人为自然人或者其他组织时，在其财产不能清偿所有债权的情况下，按债权比例公平清偿的分配方式，将债务人限定为自然人或非法人组织；但这并不意味着债务人为企业法人就当然不能适用参与分配程序，由于破产程序启动采申请主义，是否受理审查把握标准严格，且实践中债权人、债务人申请破产意愿不强烈，债务人为企业法人的仍有适用参与分配程序的空间，只是其分配顺位适用优先原则。

第二，被执行人财产不足以清偿所有债权。参与分配程序中，对此要件的把握相对灵活。既可以理解为债务人特定责任财产变价款不足以覆盖全部申请执行的债权，也可以理解为穷尽措施债务人责任财产已全部处置完毕或其他财产难以变现，所得变价款不足以覆盖全部申请执行的债权。江苏高院在2020年关于正确理解与适用参与分配程序的指导意见中对认定被执行人财产不能清偿所有债权进行了归纳细化。例如，执行法院已穷尽查控措施发现的财产不足以清偿所有已知债权，或者个别资产明显无财产价值、价值较小或难以变现的。

第三，同一债务人的特定执行财产。参与分配的功能是利用同一执行程序解决金钱债权终局执行之间的竞合，其区别于破产程序，实质仍是个别执行。[1] 参与分配是其他债权人参与到已经开始的债权人申请执行债务人个别财产的个别执行程序中，因此参与分配必然指向同一债务人的同一财产。制作分配方案时尤其要注意同一债务人这一要素。

---

[1] 参见肖建国：《中国民事强制执行法专题研究》，中国法制出版社2020年版，第246页。

（二）适用参与分配程序的流程梳理

1. 债权人向有管辖权的法院提交参与分配书面申请

参与分配申请书与执行申请书的法律效力相同，书面申请应包括但不限于身份信息、债权种类、数额、参与分配的原因等。此处有管辖权的法院既可以是债权人原申请执行的法院，也可以是正在处置或处置完毕债务人特定财产的法院，换言之，即为就财产变价款主持分配的法院，上述法院可能为同一家法院，也可能是多家法院。原申请执行法院收到参与分配申请应及时向主持分配法院移送相关材料。主持分配法院应首先审查是否符合参与分配条件并作出相应执行行为。

2. 主持分配法院拟定分配方案

主持分配的法院应全面清理被执行人全部可供执行的责任财产以及参与分配的全部债权。分配方案作出前，各债权人与债务人就分配协商一致的，按一致意见制作分配方案。未形成一致意见的，按执行费用、优先债权、普通债权的顺序拟定分配方案。分配方案载明确定参与分配的主体信息、客体信息、责任财产处置情况以及分配顺序和比例，并送达分配方案载明的债权人与被执行人。

（三）规范制作分配方案的深入思考

通过对案例、裁判文书的实证分析，得出参与分配程序中存在对程序性异议错误赋予实体救济权利，对实体异议错误赋予程序救济权利的果。而对于因的分析，笔者认为，一是实务中对参与分配程序以及分配方案异议之诉这类新型案由存在普遍认识不深的现状。二是部分执行法官在制作分配方案时，习惯性大包大揽，在分配方案中试图一揽子解决几个问题，把本应另行告知的事项错误地记载在分配方案上，同时违背适用参与分配程序同一被执行人这一核心要点，造成主体杂糅，甄别难度加大。

回归本源，应统一规范制作分配方案，以表格形式简明扼要呈现分配方案。对比文书式分配方案制作,要素式分配方案具有简练、规范且一目了然的效果,同时填空式的模板,既可避免不同承办法官因语言表述的差异引发歧义,又可避免非参与分配执行事项被写入分配方案,造成异议的混淆。参与分配应优先扣除案件受理费、申请保全费、执行费、评估费等因诉讼、仲裁或执行所支出的费用,执行标的物为划拨国有土地使用权的,应优先缴纳土地出让金。通过梳理,分配方案应规范记载下列事项:(1)债权人、债务人姓名或名称;(2)执行标的、待分配的执行款项;(3)债权总额、各债权金额以及执行依据;(4)各债权的分配顺序以及依据;(5)各债权应分配金额、比例;(6)其他应载明的事项。

四、穿透本质:分配方案程序与实体异议的准确识别

初步判定异议类型后,再充分理解分配方案异议权利救济内核,掌握三步逻辑进路,便能够对异议事由的性质进行有效识别与验证。

(一)步骤一:异议主体识别

1. 分配方案异议之诉适格原告限于分配方案中所列债权人、债务人

分配方案异议之诉适格原告即针对分配方案上所记载的相关债权人的债权或分配金额,认为自己的实体利益因此受损的债权人或债务人。域外法比较研究发现,德国法不允许债务人提起分配方案异议之诉,其逻辑在于分配后并无剩余款项可交付给债务人,因此债务人不具有提起异议的利益驱动。但是,我国在分配方案程序设计上,允许未取得执行依据的实体法优先受偿权人直接参与分配,倘若债务人针对其优先受偿权本身所提异议成立,那么随着该债权人可分配额的减少,会对债务人剩余债务产生实质影响,因此债务人具有提出异议的利益。①

分配方案异议之诉的原告是提起分配方案异议的债权人或债务人。

---

① 参见刘颖:《分配方案异议之诉研究》,载《当代法学》2019年第1期。

若是分配方案列明的债权人与债务人以外的人所提出的异议,则不属于基于实体权利义务关系而引发的分配方案所记载的各债权人的债权或分配额的争议,则不得引入分配方案异议之诉予以解决。

2. 分配方案行为异议主体可以是债权人、被执行人或者方案中未列明的"案外人"

执行异议、复议的法律规制中,当事人以及当事人以外的自然人、法人和非法人组织可以作为利害关系人针对执行中的违法、不当执行行为提出执行异议。参与分配程序可提起执行行为异议的主体比可提起分配方案异议之诉的主体明显范围更宽泛。若不是分配方案载明的主体所提出的异议,则直接区分是执行行为异议还是案外人异议。若是,则进行步骤二,针对异议事项的内容进行甄别。

(二)步骤二:异议事项识别

1. 分配方案异议之诉指向债权本身

分配方案异议之诉审理的范围包括,申请参与分配的债权是否成立、债权具体数额、顺位、清偿比例、计算方法、计算结果等民事债权提出的异议,但是若对于作为执行依据的人民法院生效判决书、调解书提出异议,则不属于分配方案异议的审查范畴,需通过审判监督程序处理。

2. 分配方案行为异议指向执行行为的合法性或适当性等程序性争议

参与分配程序涉及多方当事人主体的切身利益博弈,主持分配法院依职权制作的分配方案对各方当事人权益进行处置安排,分配方案的内容以及参与分配过程中的程序性事宜,是当事人重点关注的对象,也是提出异议的焦点。参与分配财产范围的确定、参与分配主体资格的认定、各项费用的扣除、被执行人基本生活保障、分配方案的送达与当事人异议的通知等行为,所涉及的是参与分配程序的推进与当事人的程序权利,因此当事人就上述行为提出的异议,属于程序性异议。

(三）步骤三：异议目的识别

1. 分配方案异议之诉旨在解决债权人利益之争

分配方案异议之诉的诉请，主要有两个层面：一是对异议理由涉及的债权本身是否存在以及数额等进行确认；二是更正分配方案以形成对自己更有利的新方案。分配方案异议之诉的核心在于债权人之间蛋糕怎么切的问题，只有自己的实体权利因分配方案所记载的事项而受损的债权人与因别人受损而自己获利形成期待的债权人之间才能产生利益对抗性。

2. 分配方案行为异议旨在纠正执行法院违法、不当构成权利侵害的行为

违法执行行为本质上是一种程序上的瑕疵，执行依据与当事人之间实体关系并无争议，争议的核心在于执行机构公权力与执行相对人的私权之间的争议，是权力与权利之间的争议。审查的争议焦点在于执行行为的实施是否具备合法要件、是否符合法定程序。三步逻辑进路识别法见图3。

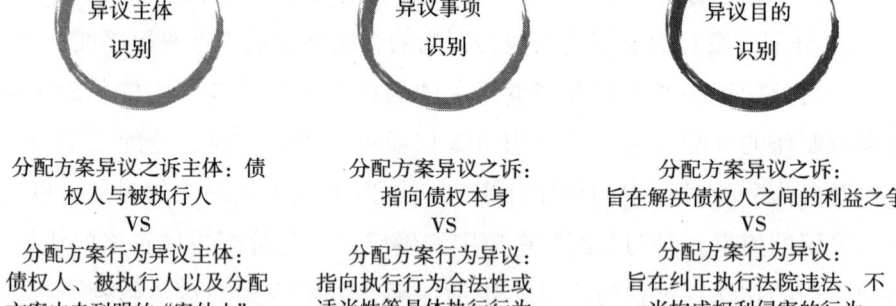

图3 三步逻辑进路识别法

结语

在源头上通过规范制作分配方案，可初步判定异议类型；再根据三步逻辑进路,进一步甄别、验证异议性质从而赋予适当的救济途径。当前在我国个人破产制度理论与实践积累薄弱,以及制度设计分歧、争议较大,个人破产制度何时落地不明朗的情况下,参与分配程序弥补个人破产制度功能缺位,还将继续在实践中广泛运用。法律赋予当事人、利害关系人、案外人提起异议的权利,目的在于通过不同的救济途径使权利人的合法权益免受侵害,但其前提在于权利救济途径的正确指引,否则程序的空转是权利侵害的扩张。

【最高人民法院案例与解析】

某管理有限公司、某集团有限公司
金融借款合同纠纷执行申诉案

——被执行人持有的某金融租赁公司一定比例的股权，按照金融监管规定需审批而受让人未经审批，执行法院以物抵债裁定的送达并不能直接引起股权物权效力的变动

熊劲松[*]　邵夏虹[**]

【裁判摘要】

执行程序中对一些特殊标的进行以物抵债，如果该标的的取得需要符合行政许可的条件，那么在受让人未具备相应主体资质的情况下，认定该标的在裁定送达时即产生物权变更的效力依据不足。如果在以物抵债裁定送达时，其他法院同时受理了被执行人作为债务人的破产申请，则执行法院应当中止针对被执行人财产的执行行为，案涉标的物应当作为破产程序中的债务人财产按照破产程序清偿债务。

【案件基本信息】

（1）诉讼当事人

申诉人（申请执行人）：某管理有限公司。

---

[*] 最高人民法院执行局二级高级法官。
[**] 最高人民法院执行局一级高级法官助理。

被执行人：某集团有限公司。

被执行人：某工程装备有限公司。

（2）案件索引与裁判日期

执行依据：北京市第四中级人民法院（2018）京04民初325号民事判决（2018年8月2日）

执行异议：北京市第四中级人民法院（2022）京04执异202号执行裁定（2022年6月27日）

执行复议：北京市高级人民法院（2022）京执复185号执行裁定（2022年10月31日）

执行监督：最高人民法院（2023）最高法执监50号（2023年12月13日）

（3）案由

金融借款合同纠纷执行监督

【简要案情】

某管理有限公司与某集团有限公司、张某、黄某等金融借款合同纠纷一案，北京市第四中级人民法院（以下简称北京四中院）于2018年8月2日作出（2018）京04民初325号财产保全民事裁定书（以下简称325号保全裁定），裁定冻结某集团有限公司、张某、黄某在银行的存款或者查封、扣押其相应价值的财产和权益（限额291516955.92元）等。后该院依据325号保全裁定，依法冻结了某集团有限公司持有的某金融租赁股份有限公司（以下简称某金租公司）的全部股权（出资额30000万元，持股比例21%，以下简称案涉股权）。2020年3月23日，该院作出325号民事判决。

该民事判决生效后，某管理有限公司向北京四中院申请强制执行。该院先后于2020年7月2日、2021年7月21日立案执行，案号分别为（2020）京04执199号、（2021）京04执恢116号。该院对案涉股权于

2021年12月7日在京东网网络司法拍卖平台以30904万元的起拍价进行了二次拍卖，因无人竞买流拍，某管理有限公司申请以拍卖的保留价30904万元接受上述财产抵债。2021年12月16日，该院作出（2021）京04执恢116号之二执行裁定书（以下简称116号之二执行裁定）：（1）将被执行人某集团有限公司持有的案涉股权作价30904万元，交付申请执行人某管理有限公司抵偿325号民事判决所确定的债务；上述财产所有权自裁定送达某管理有限公司时起转移。（2）某管理有限公司可持裁定书到登记机构办理相关产权过户登记手续。2021年12月16日，该院向某管理有限公司送达了116号之二裁定书。后该院向某金租公司出具（2021）京04执恢116号协助执行通知书，要求某金租公司协助将案涉股权过户到某管理有限公司名下。

2021年12月16日，即北京四中院作出以物抵债裁定的同日，湖南省湘潭市中级人民法院作出（2021）湘03破申7号民事裁定，受理某公司对某集团有限公司的破产清算申请。对此，某集团有限公司对北京四中院的以物抵债裁定提出执行异议，北京四中院于2022年6月27日作出（2022）京04执异202号执行裁定，驳回某集团有限公司的异议申请。某集团有限公司不服，向北京市高级人民法院提出复议申请，北京市高级人民法院于2022年10月31日作出（2022）京执复185号执行裁定，撤销北京四中院116号之二执行裁定和（2022）京04执异202号执行裁定。某管理有限公司不服，向最高人民法院申诉。

【案件焦点】

（1）以物抵债裁定作出且送达的同一日，其他法院作出受理破产裁定，以物抵债裁定是否有效？

（2）本案执行标的为被执行人在金融租赁公司的股权，该股权转让应履行相关金融核准手续。在以物抵债裁定作出时，本案受让人某管理有限公司不具备取得案涉股权的实质性要件，也未履行相关审核手续，在此情况下，能否认定该抵债股权在裁定送达时即产生股权变更的效力？

【裁判结果】

最高人民法院经审理认为，本案中，用以抵债的为被执行人所持有的某金租公司21%的股权，而某金租公司为金融租赁公司，按照相关金融监管规定，成为金融租赁公司的股东需要符合一定的条件，同时变更股份总额超过5%的股东的，应当提前报经监管部门审批。但从原审法院查明的事实来看，某管理有限公司在接受以物抵债时并未取得相应资质亦未获得相关监管部门批准。在此情况下，北京四中院直接作出以物抵债裁定，确属不妥。而且根据相关金融监管规定，变更金融租赁公司超过5%股权的应当经过审批，因此，尽管北京四中院作出了以物抵债裁定，但在未经审批的情况下，认定该抵债股权在裁定送达时即产生股权变更的效力，依据不足。在以物抵债裁定送达时，法院同时受理了被执行人作为债务人的破产申请，则执行法院应当中止针对被执行人财产的执行行为，案涉股权应当作为破产程序中的债务人财产按照破产程序清偿债务。故北京市高级人民法院经依法审查撤销以物抵债裁定，并无不当。某管理有限公司关于以物抵债裁定效力及其取得案涉股权处置权等理由均依据不足。

同时，本案中，在以物抵债裁定作出的同日，湖南省湘潭市中级人民法院裁定受理针对某集团有限公司的破产清算申请。破产程序更加有利于保护多数债权人的权利。故综合本案具体情况，依法将案涉股权纳入某集团有限公司在破产程序中的财产统一清偿债务，更为妥当。

故最高人民法院于2023年12月13日作出（2023）最高法执监50号执行裁定，驳回某管理有限公司的申诉请求。

【案例评析】

执行程序是各方利益的最终交汇处，也是相关法律规范的碰撞和挑选过程。如何在推进执行过程中平衡各方的利益，兼顾相关法律规范需要保护的价值，是案件审理的重点难点所在。

一、关于以物抵债裁定的送达日与受理破产清算申请日的先后问题

（一）执行程序中的参与分配采平均主义还是优先主义

执行程序中，某一被执行人涉及多个执行依据，存在多位债权人等待受偿的情况较为普遍。如何对被执行人的有限财产在众多债权人间进行分配，存在不同的观点。

优先主义认为，执行程序与破产程序的功能应当明确区分，破产程序坚持平等主义，执行程序（包括参与分配）则应坚持优先主义，债权人按照财产的查封顺序依次受偿，首封权利人有权对控制的财产进行变价，并就获得的价款优先受偿。优先主义符合强制执行的效率目标，有利于执行程序的简洁高效，且保全优先权、执行优先权充分践行了"法律不保护权利上的睡眠者"的当事人自我负责理念，有利于激励债权人时刻关注债务人的财产状况，积极采取调查和保全措施。

平等主义认为，债权平等受偿是实体法确定的原则，不论是执行程序还是破产程序均应适用，在被执行人的财产不足以清偿全部债务人时，不坚持平等原则将损害债权人的利益，而且容易引发债权人蜂拥而上，对被执行人的各种财产采取控制措施，导致债务人无法继续经营而破产。

从我国法律规范来看，参与分配制度主要解决有限破产主义下公民和其他组织债务人资不抵债时的财产分配问题。[①] 其立法本意在于借助参与分配制度尽可能使更多的普通债权人获得平等清偿。但这种设计也使得执行制度与破产制度的边界进一步模糊，逐渐形成了"大执行、小破

---

① 参见江伟、肖建国：《民事执行制度若干问题探讨》，载《中国法学》1995年第1期。

产，强执行、弱破产"的格局。① 为扭转参与分配制度的滥用可能引发的破产制度虚置，《最高人民法院关于适用〈中华人民共和国民事诉讼法〉的解释》第514条规定，对被执行人是企业法人的，执行程序中采取优先主义，倒逼受偿顺位在后的债权人主动申请破产。因此，在目前情形下，如果被执行人（企业）已经出现资不抵债的苗头，对于申请执行人尤其是首封权利人来说，在被执行人（企业）受理破产之前，尽早对控制的财产进行变价，获得价款或者通过以物抵债获得标的物所有权尤为重要，这也是法律所允许的。

（二）执行程序与破产程序衔接的法律规定及其理解

《企业破产法》第19条规定，人民法院受理破产申请后，有关债务人财产的保全措施应当解除，执行程序应当中止。《最高人民法院关于适用〈中华人民共和国企业破产法〉若干问题的规定（二）》第5条规定，破产申请受理后，有关债务人财产的执行程序未依照《企业破产法》第19条的规定中止的，采取执行措施的相关单位应当依法予以纠正。依法执行回转的财产，人民法院应当认定为债务人财产。《最高人民法院关于执行案件移送破产审查若干问题的指导意见》（以下简称《指导意见》）第17条规定，执行法院收到受移送法院受理裁定时，已通过拍卖程序处置且成交裁定已送达买受人的拍卖财产，通过以物抵债偿还债务且抵债裁定已送达债权人的抵债财产，已完成转账、汇款、现金交付的执行款，因财产所有权已经发生变动，不属于被执行人的财产，不再移交。

实践中，由于目前全国法院"一张网"建设尚未完成，信息沟通有一定滞后性，执行法院在作出以物抵债裁定时，一般不了解其他法院是否受理了被执行人的破产申请或者其他债权人对被执行人的破产申请，

---

① 参见张恒筑、王雄飞：《论完善执行程序与破产程序衔接协调体制的若干问题——基于浙江法院的实践展开》，载《法律适用》2017年11期。

导致执行法院作出、送达以物抵债裁定之后，才收到其他法院转来的关于受理破产申请的裁定。此时应否撤销以物抵债裁定，争议极大。

如何理解《企业破产法》中的"受理破产申请后"？是客观上比较以物抵债裁定的作出日和受理破产申请裁定的作出日先后？还是以执行法院收到受理破产申请裁定日为准，在未收到破产申请裁定之前，作出的执行行为仍然有效？

各地对此认识不一。一种观点认为，根据《指导意见》第17条的规定，执行法院收到受移送法院受理裁定时，已通过拍卖程序处置且成交裁定已送达买受人的拍卖财产，通过以物抵债偿还债务且抵债裁定已送达债权人的抵债财产，已完成转账、汇款、现金交付的执行款，因财产所有权已经发生变动，不属于被执行人的财产，不再移交。可知，只有在执行法院知悉其他法院已裁定受理对被执行人的破产申请的情况下，才应当中止对被执行人的执行程序。如果执行法院在作出破产裁定时并不知悉其他法院受理破产情况，则其作出的以物抵债裁定依法有效。

另一种观点认为，《指导意见》并不是司法解释，只是内部的规范性文件，其规范的是执行转破产等特殊情形，并不适用于正常的破产程序。而且，受理破产申请是企业进入破产程序的标志，相对于执行程序而言，破产程序保护全体债权人的权利，如果执行行为与受理裁定在同一日作出，破产受理裁定作出即生效，从保护更多人权利的角度出发，受理裁定的效力应当优于个别执行行为。因此，受理破产申请的当日即应中止执行行为。

我们认为，第一，上述观点中根据《指导意见》17条得出只有在"执行法院收到受移送法院受理裁定时"，才应当中止对被执行人的执行程序的意见，是对《指导意见》的误读。根据《指导意见》，执转破不仅包括执行法院对案件材料的移送，还涉及被执行人财产的移交。当受移送法院裁定受理破产清算、破产重整、破产和解申请后，破产程序即已启动。根据《企业破产法》第19条的规定，此时以个别清偿为目的的执行程序应当继续中止（执行法院决定移送时即已中止执行），执行法院通过执行措施查控的被执行人财产也应移交给破产管理人，统一纳入破产程序中清偿。《指导意见》第16条、第17条从正反两个方面对应当移交的财产范围作出了规定，主要涉及执行标的物的移交和执行变价款的移交。从第17条规定不能得出执行法院应在收到受移送法院受理裁定时中止执行的结论，也不能认为，只要抵债裁定在收到受移送法院受理裁定时已经送达即应维持其效力。

第二，根据《民法典》第229条的规定，因人民法院、仲裁机构的法律文书或者人民政府的征收决定等，导致物权设立、变更、转让或者消灭的，自法律文书或者征收决定等生效时发生效力。而以物抵债裁定送达当事人时才生效。如果在送达之前，破产申请已经由其他法院受理，按照破产受理裁定作出即生效的原理，此时，破产申请已经受理，而以物抵债裁定尚未生效，物权变更亦未发生效力，该物应视为债务人的财产，以物抵债裁定应予以撤销。

就本案而言，其特殊之处在于本案以物抵债裁定的送达日、作出日与另一法院受理破产申请之日均为同一日。有观点提出，是否可考虑将同一日内送达的时间与受理破产裁定的作出时间进行比较。但法律规定一般对同一日不作先后区分，而且对该类事实问题作出精准的判断存在一定难度。因此此种观点不仅法理依据不足，实践中也难以操作。故本案应结合其他情况作进一步的判断。

二、关于金融租赁公司的大额股权作为执行标的的法律问题

本案的执行标的具有一定的特殊性，为金融租赁公司的大额股权。按照相关法律规定，达到一定比例的股权变更需要经过金融监管部门的审批。该审批是一种什么性质的事项，是否影响强制执行程序中的财产变现和以物抵债裁定的效力？

（一）股权变更须经批准的法律性质

根据《证券法》《保险法》《商业银行法》等法律规定，证券公司、保险公司、保险资产管理公司、商业银行、外资银行、基金管理公司、融资担保公司、期货公司、经营个人征信业务的征信机构等（下文统称特殊公司）转让一定比例股权的，受让股权的主体需经过相关部门审批。该类特殊公司股权变更须经批准在性质上属于行政许可。[1] 行政许可是行政机关依法对社会、经济事务实行事前监督管理的一种重要手段，[2] 目的在于控制危险、配置资源、提供公信力证明，以维护第三人利益、社会公共利益和国家利益。[3] 而特殊公司的股权或关乎国家产业结构安全，或关乎国家金融秩序、经济秩序稳定，为了维护国家产业安全等目的，相关法律法规对特殊公司的股权变更设定了行政许可的前置审批程序。[4] 对此，执行程序中应该予以遵守，防止因执行程序而打破和架空行政许可的制度目的。

（二）本案情形是否符合行政许可的设定

《银行业监督管理法》第2条第3款规定："对在中华人民共和国境内设立的金融资产管理公司、信托投资公司、财务公司、金融租赁公司以及经国务院银行业监督管理机构批准设立的其他金融机构的监督管理，适用本法对银行业金融机构监督管理的规定。"本案即涉及金融租赁公司，适用《银行业监督管理法》的规定。该法第17条同时授权国务院银行业监督管理机构，在银行业金融机构变更持有资本总额或者股份总额达到规定比例以上的股东时，对股东的资金来源、财务状况、资本补充

---

[1] 参见最高人民法院执行局编著：《〈最高人民法院关于人民法院强制执行股权若干问题的规定〉参理理解与适用》，人民法院出版社2023年版，第262页。

[2] 参见乔晓阳主编：《中华人民共和国行政许可法释义》，中国物价出版社2003年版，第53页。

[3] 参见罗豪才、湛中乐主编：《行政法学》，北京大学出版社2016年版，第192~193页。

[4] 参见张元：《执行程序中行政部门协助变更股权若干问题研究》，载《人民司法》2014年第21期。

能力和诚信状况进行审查。

虽然按照《行政许可法》第17条的规定，一般规范性文件不得设定行政许可。但该法第15条同时规定，规章可以在上位法设定的行政许可事项范围内，对实施该行政许可作出具体规定。本案中，涉及"金融租赁公司股权变动比例达到5%以上时应事先报银保监会或其派出机构核准"的规定主要来源于《金融租赁公司管理办法》《非银行金融机构行政许可事项实施办法》，虽然上述办法在性质上属于部门规章，但由于是根据《银行业监督管理法》这部法律授权制定的，可以将上述内容视为对行政许可的具体规定，执行程序中应予以遵守。

（三）本案以物抵债裁定能否产生物权变动效力

如上所述，作为执行程序，应对特殊公司股权转让行政许可程序予以遵守，这既是执行权与行政权相互尊重的需要，也是维护公共利益的需要。无论是《最高人民法院关于人民法院司法拍卖房产竞买人资格若干问题的规定》还是《最高人民法院关于人民法院强制执行股权若干问题的规定》均遵循了相同的精神和逻辑。本案中，执行法院收到了金融监管部门的来函，就该执行标的的变更应事先获得审批予以函告。但申请执行人在接受以物抵债时未取得相应资质亦未获得相关监管部门批准。因此，即便以物抵债裁定已经送达，也不能认定产生物权变动的效力。

有观点提出，按照《最高人民法院关于人民法院强制执行股权若干问题的规定》第15条的规定，人民法院在竞买人参与竞买前，不审核参与竞买人的资质，在成交以后出具成交裁定之前才审核竞买人是否取得行政审批手续。① 以物抵债与司法拍卖类似，不应以事先没有批准而否定以物抵债裁定的效力。我们认为，之所以规定在成交以后才审核竞买人

---

① 参见何东宁、邵长茂、刘海伟、王赫：《〈最高人民法院关于人民法院强制执行股权若干问题的规定〉的理解与适用》，载《中国应用法学》2022年第2期。

是否取得行政审批手续，主要考虑：一是在竞买前即审核竞买人资格，存在暗箱操作的风险，将导致股权拍卖竞价不充分。二是此类股权形式多样，涉及不同的审批部门，在拍卖前审核，不仅一线执行人员无此能力和精力，而且会大大增加审批部门的工作量，不具有实操性。[①] 但以物抵债裁定不同，它是在司法拍卖流拍后作出，并没有上述实践中的障碍。因此，在作出以物抵债裁定前应当要求接受抵债一方取得相关审批手续。在未经审批，如本案中法院已经作出以物抵债裁定的情况下，则不能认定该裁定送达后即产生物权变动效力。只有在符合行政许可的条件，经过审批后，股权才发生变更。在这之前，股权仍在被执行人名下。但此时，受理被执行人破产申请的裁定已经生效，破产已经启动，按照《企业破产法》的规定，案涉股权应当作为破产程序中的债务人财产按照破产程序清偿债务。故复议法院经依法审查撤销以物抵债裁定，以使案涉股权依法转入破产程序处置，并无不当。

[①] 参见最高人民法院执行局编著：《〈最高人民法院关于人民法院强制执行股权若干问题的规定〉理解与适用》，人民法院出版社2023年版，第266页。

【最高人民法院入库案例选登】

王某某与刘某某执行监督案

——刑事裁判涉财产部分执行程序中，案外人以借名买房为由主张排除执行的，执行法院应当进行实体审查

【裁判要旨】

刑事裁判涉财产部分执行程序中，案外人对执行标的主张足以阻却执行的实体权利的，执行法院应当参照异议之诉等诉讼程序予以实体审查。对于案外人主张借名买房的，执行法院应当查明争议房产的真实权利人，而不能采取外观主义，径直以物权登记为判断依据。

【关键词】

执行　执行监督　刑事裁判涉财产部分执行　案外人异议　借名买房

【基本案情】

刘某某因贩卖毒品犯罪，被河南省开封市中级人民法院判处无期徒刑，剥夺政治权利终身，并处没收个人全部财产。执行过程中，开封市中级人民法院于2021年10月20日作出（2021）豫02执230号执行裁定，查封了登记在刘某某名下涉案房产。案外人王某某以涉案房产系其借用刘某某名义购买，其是实际权利人为由，请求解除对涉案房产的执

行措施。

开封市中级人民法院查明，涉案房产商品房买卖合同、收款收据、购房发票、税票、按揭贷款等手续的权利人为刘某某；物业费、水电暖费等票据显示交款人为王某某。

开封市中级人民法院认为，在借名买房的情况下，借名人与出名人之间的借名登记契约，只在内部产生债权债务关系，不发生物权变动的效果，不能排除执行。2022年10月10日，开封市中级人民法院作出（2022）豫02执异243号执行裁定，驳回王某某的异议请求。王某某不服，向河南省高级人民法院申请复议。河南省高级人民法院认为借名人可以请求将房屋过户至自己名下，其享有的是债权请求权，而非物权，不能阻却执行。2022年12月1日，河南省高级人民法院作出（2022）豫执复638号执行裁定，驳回王某某的复议请求。王某某向最高人民法院提出申诉。最高人民法院于2023年9月15日作出（2023）最高法执监191号执行裁定：一、撤销河南省高级人民法院（2022）豫执复638号执行裁定；二、撤销开封市中级人民法院（2022）豫02执异243号执行裁定；三、本案由开封市中级人民法院重新审查。

【裁判理由】

法院生效裁判认为：《最高人民法院关于刑事裁判涉财产部分执行的若干规定》（法释〔2014〕13号）第14条规定，执行过程中，当事人、利害关系人认为执行行为违反法律规定，或者案外人对执行标的主张足以阻止执行的实体权利，向执行法院提出书面异议的，执行法院应当通过异议、复议程序予以实体审查。案外人主张借名买房的，应查明争议房产的真实权利人，不能采取外观主义，仅以物权登记为判断依据。本案中，王某某主张涉案房产系其借用刘某某名义购买，请求解除对涉案房产的执行措施。开封市中级人民法院对此应实体审查，查明王某某与刘某某借名买房合同的真实性、涉案房产房款的真实交纳情况及购房贷款还款的资金流向、实际占有居住情况等，综合判断涉案房产的实际权利人。开封市中级人民法院、河南省高级人民法院对上述影响权属判断的基本事实未予查明，以借名买房不产生物权变动效果、物权未经登记不得对抗善意申请执行人为由，驳回王某某的异议请求，事实不清，证据不足。

此外，根据查明的事实，王某某于 2022 年 11 月 28 日取得涉案房产不动产权证，涉案房产目前登记在王某某名下。开封市中级人民法院应当进一步核实其于 2021 年 10 月 20 日作出的（2021）豫 02 执 230 号执行裁定的查封效力及对物权登记的影响，查明本案是否存在恶意转移财产的情形等，并据此判断是否继续将涉案房产作为刘某某的财产予以执行。

【关联索引】

《最高人民法院关于刑事裁判涉财产部分执行的若干规定》（法释〔2014〕13 号）第 14 条

执行异议：河南省开封市中级人民法院（2022）豫 02 执异 243 号执行裁定（2022 年 10 月 10 日）

执行复议：河南省高级人民法院（2022）豫执复 638 号执行裁定（2022 年 12 月 1 日）

执行监督：最高人民法院（2023）最高法执监 191 号执行裁定（2023 年 9 月 15 日）

孙某某与某恒信息咨询公司执行监督案

——法人的主要办事机构所在地不能确定的，以其登记地为住所地

【裁判要旨】

法人一般以其主要办事机构所在地为住所，依法需要办理法人登记的，应当将主要办事机构所在地登记为住所。法人的主要办事机构所在地不能确定的，法人的登记地为住所。作为被执行人的企业法人的主要办事机构所在地与登记地不一致，申请执行人以不掌握被执行人实际主要办事机构所在地为由，向被执行人登记地人民法院申请强制执行，人民法院亦无法查清被执行人实际主要办事机构所在地的，人民法院应当依法受理。

【关键词】

执行　执行监督　执行管辖　法人住所地

【基本案情】

孙某某就其与被执行人某恒信息咨询公司执行一案，依据（2020）深国仲裁 2889 号国内仲裁裁决向吉林省延边林区中级法院申请执行。某恒信息咨询公司的登记地在延边林区中级法院辖区，但登记地为第三人所有，某恒信息咨询公司从未在该登记地址缴纳过税款，未实际经营。

孙某某与某恒信息咨询公司双方签订合同及履行合同的地点均为黑龙江省齐齐哈尔市。延边林区中级法院未查明某恒信息咨询公司的实际主要办事机构所在地，孙某某亦不清楚某恒信息咨询公司的实际主要办事机构所在地。延边林区中级法院以对该案无管辖权为由作出（2021）吉75执2号执行裁定，驳回孙某某的执行申请。

孙某某不服，提出异议，延边林区中级法院2021年5月25日作出（2021）吉75执异2号执行裁定，驳回孙某某的异议请求。孙某某向吉林省高级人民法院申请复议。吉林省高级人民法院于2021年7月28日作出（2021）吉执复101号执行裁定，驳回孙某某的复议申请，维持延边林区中级法院（2021）吉75执异2号执行裁定。孙某某向最高人民法院申请执行监督。最高人民法院于2022年3月31日作出（2022）最高法执监549号执行裁定，撤销吉林省高级人民法院（2021）吉执复101号执行裁定和延边林区中级法院（2021）吉75执异2号执行裁定、（2021）吉75执2号执行裁定。

【裁判理由】

法院生效裁判认为：本案的争议焦点为，延边林区中级法院对本案是否具有管辖权。

《民法典》第63条规定："法人以其主要办事机构所在地为住所。依法需要办理法人登记的，应当将主要办事机构所在地登记为住所。"第64条规定："法人存续期间登记事项发生变化的，应当依法向登记机关申请变更登记。"第65条规定："法人的实际情况与登记的事项不一致的，不得对抗善意相对人。"依据该规定，法人登记的住所与主要办事机构所在地应该是一致的。法人登记信息具有公示效力，能够作为确定执行管辖的依据。一方当事人基于法人登记信息确定法人住所地，并据此确定管辖法院寻求司法救济，人民法院应予支持，否则将使公众不得不自力调查法人的各项情况与登记信息是否一致，增加社会成本及当事人负担。此外，申诉人非因自身过错而不掌握法人实际主要办事机构所在地，依据登记信息确定法人住所,并据此向有管辖权的人民法院申请执行,应该推定其属于善意相对人,对其请求应予支持。《最高人民法院关于适用〈中华人民共和国民事诉讼法〉的解释》(2020年修正)第3条规定,法人或者其他组织的住所地是指法人或者其他组织的主要办事机构所在地。法人或者其他组织的主要办事机构所在地不能确定的,法人或者其他组织的注册地或者登记地为住所地。本案中,某恒信息咨询公司的登记地在延边林区中级法院的辖区内。延边林区中级法院和吉林省高级人民法院查明某恒信息咨询公司登记地并非其主要办事机构所在地,亦未查明其主要办事机构所在地。申诉人亦表示自己不清楚某恒信息咨询公司的主要办事机构所在地。对此,根据规定,应当认定某恒信息咨询公司的登记地为公司住所,故延边林区中级法院对本案具有管辖权。

【关联索引】

《中华人民共和国民法典》第63条、第64条、第65条

《最高人民法院关于适用〈中华人民共和国民事诉讼法〉的解释》(法释〔2015〕5号,2020年修正)第3条

《最高人民法院关于人民法院办理执行异议和复议案件若干问题的规定》(法释〔2015〕10号,2020年修正)第17条

执行异议:吉林省延边林区中级法院(2021)吉75执异2号执行裁定(2021年5月25日)

执行复议:吉林省高级人民法院(2021)吉执复101号执行裁定(2021年7月28日)

执行监督:最高人民法院(2021)最高法执监549号执行裁定(2022年3月31日)

【法答网执行问题精选答复选登】

执行程序中,申请执行人将生效法律文书确定的债权转让给被执行人,是否可以变更本案被执行人为申请执行人

咨询内容:在执行阶段,被执行人有多个主体,多个主体对债务负有连带清偿责任,申请执行人将生效法律文书确定的债权转让给同一案件的其中一个被执行人,此时是否可以变更本案的该买受债权的被执行人为申请执行人?

答疑内容:关于如何依法变更申请执行人,《最高人民法院关于民事执行中变更、追加当事人若干问题的规定》(以下简称《变更追加规定》)第9条规定:"申请执行人将生效法律文书确定的债权依法转让给第三人,且书面认可第三人取得该债权,该第三人申请变更、追加其为申请执行人的,人民法院应予支持。"这一规定从两方面明确了债权转让情况下变更申请执行人的条件:一是债权依法转让;二是申请执行人对第三人取得债权进行书面认可。

你提出的问题,仅从形式和外观上判断,似不违反上述变更申请执行人法定条件。但是,上述规定系一般情况下的判断标准,而问题描述中的债权受让人又是承担连带责任的被执行人,变更申请执行人后,其主体地位直接发生转换,具有特殊性,因此,在适用《变更追加规定》第9条基础上,还应着重考虑变更申请执行人是否符合执行效率原则、是否损害其他被执行人合法权益等因素。比如,若受让债权的被执行人

为主债务人，主债务人既受让债权人对其自身的债权，又是债务清偿的最终承担者，此情形下债权债务混同，债务归于消灭，变更其为申请执行人明显损害其他被执行人合法权益。又如，受让债权的被执行人为担保人，若没有生效法律文书对其是否具有追偿权、对其他担保人行使追偿权的比例等问题进行确认，在此情况下变更其为申请执行人，实质上是通过执行程序一步到位行使追偿权，可能损害主债务人、其他担保人的合法权益。再如，被执行人系因共同侵权对申请执行人承担给付责任，受让债权人系被执行人之一的，变更申请执行人实质上是为了行使追偿权，由于这种情况下共同侵权人之间责任形态可能为连带责任、不真正连带责任、替代责任、先付责任、补充责任等，较之于担保法律关系更加复杂，更不宜在执行程序中直接认定。综上所述，连带责任下担保人、共同侵权人是否具有追偿权、能否互相行使追偿权等涉及复杂的实体法问题，不宜在执行程序中径行判断。基于此，仅有存在一种可以变更申请执行人的情形，即符合以下限定条件：第一，受让债权的被执行人为担保人；第二，被执行人仅为主债务人和该担保人，无其他担保人；第三，已有生效法律文书确认了该担保人对于主债务人具有追偿权。在此情况下，担保人以代为清偿方式受让债权，取得债权受让主体和追偿权行使主体双重身份，直接变更其为申请执行人，避免其根据生效法律文书另行申请执行，更加经济高效，符合执行效率原则。

综上所述，问题描述条件下变更申请执行人，目前来看仅有一种限定情形，其他情形下不宜直接变更，债权受让人可通过追偿权诉讼等方式另行主张权利。

（答疑专家：马岚，最高人民法院执行局三级高级法官，执行指挥管理室主任）

申请执行人债权转让给第三人，是否必须要求受让人支付对价？是否考察债权人对外负有债务

咨询内容： 在执行阶段，申请执行人对外转让生效法律文书确定的债权，受让人申请变更为新的申请执行人，根据《变更追加规定》第9条规定，申请执行人将生效法律文书确定的债权依法转让给第三人，且书面认可第三人取得该债权，该第三人申请变更、追加其为申请执行人的，人民法院应予支持。依据上述规定，无须审查是否支付对价和可否约定"零转让"，只要债权人书面认可。实务中，各地法院的裁判各不相同，有的以未提供支付对价的证据或不许"零转让"为由驳回变更申请，有的则只看债权人书面认可，有认可即变更。

问题1：请求上级法院明确在变更申请执行人案件中，应否将债权转让支付对价或不许"零转让"（或支付的对价过低）作为变更申请执行人的前提条件？

问题2：有些申请执行人对外负有债务，但其作为申请执行人的案涉债权并未被法院查封，法院在审查过程中发现其对外负有债务，此时应否同意其转让案涉债权，从而变更第三人为新的申请执行人？

答疑内容：《变更追加规定》第9条规定："申请执行人将生效法律文书确定的债权依法转让给第三人，且书面认可第三人取得该债权，该第三人申请变更、追加其为申请执行人的，人民法院应予支持。"该规定对于法院支持受让人申请变更自己为申请执行人，设定了两个条件，一个是依法转让，二是转让人书面认可。关于转让人书面认可的要求，与

执行机构的形式审查原则相适应。如果申请执行人与受让人就债权转让尚存在纠纷，执行机构对受让人的变更、追加申请可不予支持。关于债权必须是依法转让的要求，实际上赋予了执行机构一定的审查权，确保在债权转让存在违反法律、行政法规或损害第三人利益的情况下，执行机构有权不予变更。你所提出的债权转让对价过低，甚至零对价转让及申请执行人同时为另案债务人时转让债权问题，均属于应判断是否为"依法转让"的内容。若该债权转让行为违反法律、行政法规，执行法院合理怀疑申请执行人可能存在损害第三人利益的情形，执行机构应予以审查。具体到个案中，应根据执行审查中掌握的情况，综合判断，如认定违反法律、法规或损害第三人合法权益，有权不准许变更。

（答疑专家：熊劲松，最高人民法院执行局二级高级法官）

【地方法院案例与解析】

被继承人债务清偿纠纷的执行规则
——杭州银行申请执行孙某青被继承人债务清偿纠纷一案

周青松*

【裁判要旨】

继承人继承遗产后,应该以所得遗产实际价值为限清偿被继承人依法应当承担的债务。执行程序中,人民法院既可以执行继承的遗产,也可以执行继承人的其他财产。如果已经对遗产采取查控措施,且继承人积极配合执行,没有违法情形的情况下,则不宜对继承人采取限制消费、纳入失信被执行人名单等执行措施,也不宜查控其他个人财产。遗产属于继承人居住所必需的房屋时,拍卖后应该通过预留5~8年租金等形式保障继承人居住权益,但是继承人在预留的租金范围内负有继续清偿的义务。

【基本案情】

原告杭州银行与孙某恩于2014年2月20日签订《借款合同》。为担保借款合同的履行,孙某恩与原告签订《抵押合同》,以其名下位于上海市闵行区航华二村××号101室的房屋(以下简称101室房屋)提供抵押

---

* 上海市闵行区人民法院执行局审判员。

担保，并对担保的范围作出约定。嗣后，孙某恩未按约偿还借款本息，构成违约。另，孙某恩于2019年4月3日死亡，其法定第一顺位继承人为孙某青等4人。除孙某青外，其余继承人均放弃对孙某恩全部遗产的继承权，孙某青应在继承孙某恩遗产的实际价值范围内对原告承担清偿债务的责任。原告为维护自身权益，遂诉上海市闵行区人民法院（以下简称上海闵行法院）。

在审理过程中，经上海闵行法院主持调解，双方当事人自愿达成如下协议：被告孙某青于2020年12月31日之前在继承孙某恩遗产的实际价值范围内归还原告杭州银行贷款本金949892.92元、利息和律师费；若被告孙某青届时不履行上述还款义务的，原告杭州银行可以将101室房屋折价或者以拍卖、变卖该房产所得价款，由原告杭州银行优先受偿，不足部分由被告孙某青在继承孙某恩遗产的实际价值范围内继续清偿。

由于被执行人未履行义务，申请执行人向上海闵行法院申请执行。执行过程中，仅查得继承人所继承的遗产为101室房屋。同时，继承人一直居住于该房产，该房产属于其维持生活所需住房。申请人和继承人均同意法院拍卖该房产，但被执行人要求拍卖房产后预留8年租金。

【执行结果】

2021年7月30日，上海闵行法院作出执行裁定书，裁定拍卖101室房屋。经公开拍卖，以6372200元成交。孙某恩的其他债权人申请就拍卖价款进行分配，拍卖所得价款不足以清偿全部债权。2022年9月5日，上海闵行法院作出（2021）沪0112执768号财产分配方案，在给孙某青预留8年租金以后，其余钱款依法分配给债权人。执行过程中，虽然遗产不能清偿全部债务，但是由于法院对继承人所继承的遗产已经完成查控并着手处置，继承人孙某青积极配合执行，所以未对继承人采取限制消费等执行措施，也没有查控其他个人财产。

【执行理由】

根据《民法典》第1161条的规定，继承人以所得遗产实际价值为限清偿被继承人依法应当缴纳的税款和债务。被执行人继承了遗产，则应该在所得遗产实际价值范围内，清偿被继承人所应该承担的债务。101室房屋系被执行人所继承的遗产，则可以拍卖该房产，以变价款为限清偿债务。由于继承人所承担的清偿责任仅限于所继承遗产的实际价值，法院已经查控所继承遗产，人民法院就不宜再对继承人其他财产采取查控措施，否则就构成了超标的查封；继承人积极配合执行，也不宜对继承人采取限制消费、纳入失信被执行人名单等执行措施。

根据《最高人民法院关于人民法院办理执行异议和复议案件若干问题的规定》（以下简称《执行异议复议规定》）第20条的规定，金钱债权执行中，在预留5~8年租金以后，可以拍卖被执行人及所扶养家属维持生活必需的居住房屋。继承人居住于涉案房屋内，除此之外尚无其他居住房屋，该房屋属于维持生活必需的居住房屋。拍卖房屋以后，需要保障被执行人的居住权益。

【案例解析】

《民法典》第1161条规定："继承人以所得遗产实际价值为限清偿被继承人依法应当缴纳的税款和债务。……"由此可以看出，实体规则上，被继承人债务清偿纠纷的规则明确简单。然而究竟该如何确定"所得遗产实际价值"，如何对继承人进行执行，则困扰着审判和执行实务。

一、裁判模糊与利益冲突：被继承人债务清偿纠纷执行难点

（一）理想与现实：判决责任范围的不明确性

执行依据的主文应该明确具体，才具备可执行性。《最高人民法院关于适用〈中华人民共和国民事诉讼法〉的解释》（以下简称《民事诉讼法解释》）（2022年修正）第461条规定，当事人申请人民法院执行的生效法律文书应当权利义务主体明确和给付内容明确。2018年《最高人民法院关于人民法院立案、审判与执行工作协调运行的意见》第11条进

一步明确,确定给付金钱的法律文书,应当明确数额,需要计算利息、违约金数额的,应当有明确的计算基数、标准、起止时间等;确定继承的,应当明确遗产的名称、数量、数额等。据此,有观点认为,判决继承人承担债务时,不仅要明确债务的金额,还应该明确所承担债务的"所得遗产实际价值"。但是也有人认为,审判程序中只需要明确遗产的范围,而无须明确遗产的实际价值。①

但是,从实证调研情况来看,此类判决通常没有明确"所得遗产实际价值",关于被继承人债务清偿纠纷的裁判大多有两种类型。第一种是最为普遍的情况,主文仅以"继承遗产范围内"概括描述责任范围,比如,"被告×××于判决生效之日起十日内偿还原告×××借款20万元及利息,继承人×××在继承的遗产实际价值范围内对上述债务承担偿还责任"。第二种是少量判决,主文中明确了遗产的名称,比如,"以位于新密市房屋价值的一半为限向原告丁某承担3万元的清偿责任"。②

理想与现实的差距,具有深刻的根源和缘由。一是二者分属不同法律关系。债权债务纠纷和遗产继承纠纷问题分属两个法律关系,债权债务纠纷审理的是债权金额大小问题,遗产继承纠纷则审理遗产继承的多寡与是否继承的问题。因此,审理债权债务纠纷时,往往不予查明遗产继承情况。二是举证责任难以划定。如果将"所得遗产"作为需要查明的事实,则必然要将举证责任分配至当事人。按照一般的举证责任分配规则——"谁主张,谁举证",债权人要举证证明遗产范围,然而债权人往往没有能力完成举证,将会造成不公平的状况。而如果采取举证责任倒置的安排,则又会产生新的问题。继承人不如实举证,继承人没有全面查明遗产的情况下,审判程序难以查明真实情况,也不能推定事实。再者,如果继承人均放弃继承,按照《民法典》的规定,则被告是被继承人生前住所地的民政部门或者村民委员会,他们作为"局外人",也无

---

① 参见刘干、陈希:《被继承人债务清偿纠纷中须查明遗产范围》,载《人民法院报》2018年3月21日。
② 参见丁某、白某1等被继承人债务清偿纠纷案[(2021)豫0183民初6117号民事判决]。

法掌握被继承人的遗产情况。三是现行规则不明。《最高人民法院关于人民法院立案、审判与执行工作协调运行的意见》第11条虽然规定确定继承的，应当明确遗产的名称、数量、数额等内容，但是债权人要求继承人承担清偿责任案件中，并不审查继承问题，只要继承人不放弃继承，就可以判决在继承遗产范围内承担责任，而无须进一步查明继承的范围究竟为何。

（二）博弈与冲突：多重主体的利益交织

在被继承人债务清偿纠纷中，还存在利益主体多元，多重利益相互博弈和交织的局面。

第一，债权人的权益。被继承人虽然已经死亡，但是其债务并不因此消灭，仍然要以其遗产清偿。被继承人的遗产能否全数查清，对债权人的权益能不能得到充分实现具有重要意义。

第二，继承人的权益。继承人虽然以所得遗产实际价值为限承担清偿责任，但是继承遗产的范围如何无法确定，或者在没有明确确定的情况下就对其采取强制执行措施，或者采取过度的执行措施，都会侵害继承人的合法权益。

第三，老幼继承人的权益。《民法典》第1130条第2款规定："对生活有特殊困难又缺乏劳动能力的继承人，分配遗产时，应当予以照顾。"《民法典》第1141条规定："遗嘱应当为缺乏劳动能力又没有生活来源的继承人保留必要的遗产份额。"由此可以看出，不管是法定继承还是遗嘱继承中，应对生活有困难又缺乏劳动能力的继承人予以照顾，这是贯彻养老育幼原则的具体体现。在清偿遗产债务时，即使遗产的实际价值不足以清偿债务，也应当为需要特殊照顾的缺乏劳动能力又没有生活来源的继承人保留适当的遗产，以满足其基本生活需要。①

第四，遗嘱继承人和受遗赠人的权益。《民法典》第1163条规定：

---

① 参见最高人民法院民法典贯彻实施工作领导小组主编：《中华人民共和国民法典婚姻家庭编继承编理解与适用》，人民法院出版社2020年版，第693页。

"既有法定继承又有遗嘱继承、遗赠的,由法定继承人清偿被继承人依法应当缴纳的税款和债务;超过法定继承遗产实际价值部分,由遗嘱继承人和受遗赠人按比例以所得遗产清偿。"该条明确了清偿债务的顺序,由法定继承优先,遗嘱继承人和受遗赠人其次,这是"遗嘱继承和遗赠优先于法定继承"的原则的体现。如果没有先对法定继承人执行,违反债务清偿的顺位,则会侵害遗嘱继承人和受遗赠人利益。

二、价值与原则:被继承人债务清偿的应然定位

(一)限定继承原则

理论上来说,继承可以分为限定继承和不限定继承。我国立法上采取的是限定继承原则。限定继承是指继承人对于被继承人所欠的债务和税款,限定在继承人所继承的遗产实际价值总额的范围内进行清偿。[①]《民法典》第1161条第1款规定:"继承人以所得遗产实际价值为限清偿被继承人依法应当缴纳的税款和债务。超过遗产实际价值部分,继承人自愿偿还的不在此限。"这一条便是限定继承原则的体现,继承人在继承遗产的同时,也要负担相应债务,但是承担债务的范围,仅在所得遗产的实际价值范围内,对于超出部分,则没有清偿义务。

(二)接受继承与承担债务清偿责任相统一原则

继承人之所以要对被继承人的债权人承担清偿责任,以接受继承为前提。如果继承人放弃继承,则不会对被继承人承担任何清偿责任。这一原则包括两层含义:一方面,继承人表示接受继承,是财产权利和财产义务的一并接受,不能只享受财产权利而不承担财产义务;另一方面,若是财产继承尚未得以真实兑现,则债务清偿义务相应不能承受,这是我国《民法典》权利义务相一致原则的体现。

---

① 夏吟兰主编:《婚姻家庭继承法》,中国政法大学出版社2021年,第220页。

三、实体与程序：被继承人债务清偿的执行规则构建

被继承人债务清偿纠纷执行中，最常见的难点是无法确定继承财产的范围和价值。如果简单以执行依据不明不予受理，将会导致债权人利益无法保障，无法救济。面对这一困局，在现有情况下，执行程序不能一推了之，应该在有限的范围内尽力解决。而且从实践来看，执行程序也积极发挥了一定兜底作用。这种实践做法，具有一定实践理性。在这种局面下，可以尝试从如下方面建立被继承人债务清偿纠纷执行规则。

（一）查明执行范围

在判决主文没有明确继承人继承遗产的价值的情况下，执行程序首先需要查明继承人所继承遗产的范围和价值。继承人继承了多少遗产，遗产价值多少，决定了继承人所应该承担的责任范围。在遗产有无分割、继承人继承遗产数额均不确定的情况下，不应该对被执行人的个人财产采取执行措施。① 查明执行范围，可以采取"继承裁判+客观登记+主动申报"的查明规则。

一是"继承裁判"查明。如果继承人之间因为继承纠纷而诉诸法院，继承纠纷的裁判文书会对遗产的继承和分割作出处理。相关裁判文书主文会载明遗产的范围，以及各继承人所继承的份额和数量。以此为基础，可以确定执行的范围。

二是"客观登记"查明。现有执行查控系统，已经实现对不动产、存款、车辆等常规财产信息的查询。通过执行查控系统，可以对被继承人的财产进行调查。如果相关财产仍然在被继承人"名下"，则可以直接予以执行。也就是说，对于登记在已死亡的被继承人名下财产，应默认为继承财产并予以处置。

三是"主动申报"查明。继承人在执行程序中属于被执行人，负有

---

① 参见张俊、魏宇飞：《继承遗产范围内债务执行应以继承权真实兑现为程序启动要件》，载"审判研究"微信公众号，最后访问日期：2016年10月5日。

如实报告财产的义务。通过询问继承人,可以确定继承财产的范围和数量,进而确定执行范围。申请人也可能掌握遗产线索,申请人提供线索也是重要途径。如发现继承人存在藏匿、转移继承财产等有损债务履行的情形,法院应对其予以处罚。

(二) 确定执行对象

承担债务的继承人,可以分为三类。一是按照法定继承取得遗产的继承人,二是按照遗嘱而取得遗产的继承人,三是按照遗赠而取得遗产的受遗赠人。在执行过程中,对这三类人不应该同等对待,承担债务存在先后顺序。按照《民法典》第1163条规定,债务由法定继承人先承担,遗嘱继承人和受遗赠人其次。这一规则有两个问题需要注意。

第一,如果法定继承人所继承的遗产价值超出了债务金额,但是由于遗产已经消费或者转移,导致其财产不足以清偿债务的,这并不属于对遗嘱继承人和受遗赠人执行的条件。遗嘱继承人和受遗赠人所承担的债务,并不属于补充责任,不受法定继承人的清偿能力所影响。

第二,如果执行之初即可确定法定继承人所继承遗产价值不足以清偿债务,则可以直接在遗嘱继承人和受遗赠人责任范围内,对其进行执行。

(三) 选择执行财产

实践中,在执行财产方面存在一定疑问,是否可以对继承人的其他个人财产采取执行措施?

从理论来看,继承人以所得遗产实际价值为限清偿被继承人的债务,容易与物的担保责任相混淆。物的担保责任是以物的价值为限承担责任,而继承人承担责任只是限定清偿债务的范围,法律并没有规定仅以遗产清偿债务。也就是说,物的担保责任中,债务人仅以其责任财产中的特定财产负责任,而后者属于量的有限责任,即债务人对其债务仅于一定限额内负责任。继承人所承担的责任限制,只是抽象价值的限制而非特定物的限制。

从实体法规范来看,继承开始的时间,即为继承人取得物权的时间。因继承取得物权的,不以登记或者交付为物权变动的生效条件,而是在继承开始时,继承人当然地、直接地取得物权。那么在继承完成以后,遗产的所有权便属于继承人。继承的遗产和自有的财产,均属于责任财产,人民法院均可以采取执行措施,只是对个人自有财产的执行,不能超出所得遗产的实际价值。

因此,在执行过程中,人民法院不仅可以对遗产执行,也可以对继承人的其他财产执行。如何选择执行财产和对象,要考察各个财产的执行便利性和对继承人的影响。《最高人民法院关于在执行工作中进一步强化善意文明执行理念的意见》中指出,被执行人有多项财产可供执行的,人民法院应选择对被执行人生产生活影响较小且方便执行的财产执行。在不影响执行效率和效果的前提下,被执行人请求人民法院先执行某项财产的,应当准许;未准许的,应当有合理正当理由。这一规定也适用于对继承人财产的执行。

(四)限定执行措施

执行措施,是为实现执行目的而采取的各项执行手段,包括直接执行措施和间接执行措施。执行措施的实施,以实现执行债权为目标,也以所实现执行债权为必要,不能超出执行债权而采取执行措施。主要是执行措施要坚持比例原则,执行查控不能超标的。

如果人民法院已经对继承人所继承的全部遗产采取了查控措施,并决定对该部分财产进行变价,那么执行措施就应该有所限定。由于继承人所应该承担责任的范围是以所继承的遗产为限,在人民法院对其所继承遗产进行查控并变价的情况下,继承人的责任就类似于物的责任了,只需要以该查封的遗产为限承担责任,而不需要承担其他清偿责任。

那么,人民法院就不能再对继承人其他财产采取查控措施,否则就构成了超标的查封;如果继承人积极配合执行,没有其他违法情形,也不宜对继承人采取限制消费①、纳入失信被执行人②名单等执行措施。

(五)特殊利益保护

《民法典》婚姻家庭编所设定的财产权利义务关系具有非对价性,反映了家庭的经济职能和亲属共同生活的需求,以服务于家庭共同生活、实现养老育幼的家庭职能为目的,具有强烈的伦理性。③ 因此,在处理继承中的债务问题时,除了保护债权人利益之外,还需要保护特殊群体的权益,需要贯彻养老育幼原则。遗产债清偿中的必留份制度,是对债权人完全受偿的法定限制,是以牺牲遗产债务之债权人的利益而作出的一项公共政策保留。④ 也就是说,执行中如果查明继承人缺乏劳动能力又没有生活来源,则要为继承人保留必要的遗产,而且该部分遗产不属于清偿债务的范围。遗产是生活来源,如果对此进行执行,则困难继承人的基本生活无法保障。在继承人的生存权和债权人的债权之间,应该优先保障生存权。

在利益保障方面,还涉及常见的"唯一住房"执行问题。也即,如果遗产为继承人的唯一住房,是否可以执行?是否应该保障继承人的居住权益?笔者认为,应该适用《执行异议复议规定》第20条的规定,具体来说可以从两个方面来理解。一方面,该房产可以拍卖。继承人不得以执行标的系本人及所扶养家属维持生活必需的居住房屋为由而要求停止执行。另一方面,需要保障继承人的居住权益。有观点提出,继承人

---

① 《最高人民法院关于限制被执行人高消费及有关消费的若干规定》(2015年修正)第2条规定:"人民法院决定采取限制消费措施时,应当考虑被执行人是否有消极履行、规避执行或者抗拒执行的行为以及被执行人的履行能力等因素。"

② 《最高人民法院关于公布失信被执行人名单信息的若干规定》(2017年修正)第3条规定:"具有下列情形之一的,人民法院不得依据本规定第一条第一项的规定将被执行人纳入失信被执行人名单:(一)提供了充分有效担保的;(二)已被采取查封、扣押、冻结措施的财产足以清偿生效法律文书确定债务的;(三)被执行人履行顺序在后,对其依法不应强制执行的;(四)其他不属于有履行能力而拒不履行生效法律文书确定义务的情形。"

③ 最高人民法院民法典贯彻实施工作领导小组主编:《中华人民共和国民法典婚姻家庭编继承编理解与适用》,人民法院出版社2020年版,第13页。

④ 陈甦、谢鸿飞主编:《民法典评注:继承编》,中国法制出版社2020年版,第306页。

只有在清偿债务以后还有剩余的情况下,才能够继承遗产。除非该继承人缺乏劳动能力又没有生活来源,才预留必要的遗产而豁免执行。笔者并不认可这一观点。居住权益保障是执行"唯一住房"的特殊规则安排,其目的是保障被执行人的居住权,是利益平衡的结果。在继承人继承遗产以后,房屋的所有权便属于继承人所有,继承人也属于被执行人。对该房屋的执行,完全符合《执行异议复议规定》第20条所规定的各个要件,应该一体适用相关规则。

需要注意的是,为缺乏劳动能力又没有生活来源继承人预留遗产与保障被执行人的居住权益制度并不相同。前者是实体利益保障,后者是程序利益保障。为缺乏劳动能力又没有生活来源继承人保留必要的遗产以后,在相应遗产价值范围内扣减清偿责任。如果只是为继承人预留了5~8年的租金,则继承人在预留的租金范围内,仍然要继续承担清偿责任。预留5~8年租金,是执行程序中对执行程序的限制,并非实体责任的限缩。

拨付村委会财政性资金执行问题

——甲公司与乙村委会建设工程施工合同纠纷执行一案

李耀光[*]　苏国梁[**]

【裁判要旨】

为了社会公共利益由地方财政拨付村委会具有专门指定用途的补偿基金属财政性资金，不属村委会的自有资金，不能用于偿还经济纠纷产生的债务，人民法院在执行程序中不应予以执行。村委会的一般性债务应该用自有资金进行支付。

【基本案情】

福建省华安县人民法院（以下简称华安法院）在执行甲公司与乙村委会建设工程施工合同纠纷一案中，异议人乙村委会对华安法院冻结其在华安县农村信用合作联社账户存款16万元不服，认为应当终止执行乙村委会名下的银行存款16万元，并解除冻结手续，提出执行异议。

【审判】

华安法院审理认为：根据法律规定，乙村委会提交的福建省村集体

---

[*] 福建省华安县人民法院院长。
[**] 最高人民法院执行局三级高级法官助理。

专用收款票据2份、华安县农村信用合作联社交易明细能够证明被冻结的16万元款项用途为天然林停伐管护补助资金、生态林补偿基金，属财政专项资金，应作专用，不能用来承担经济责任，乙村委会的执行异议申请，理由成立，应予采纳、支持，对其名下的银行账户存款16万元冻结措施应予以解除。依照《民事诉讼法》第232条、《最高人民法院关于人民法院办理执行异议和复议案件若干问题的规定》（2020年修正）第17条第2项的规定，裁定解除对乙村委会名下的银行账户存款16万元的冻结措施。

【案例解析】

本案在执行异议审查过程中，经过专业法官会议讨论，形成两种不同意见：多数意见认为，本案乙村委会的账户属于专款专用账户，不得进行冻结查封。异议人乙村委会提交的福建省村集体专用收款票据2份、华安县农村信用合作联社交易明细能够证明被冻结的16万元款项用途为天然林停伐管护补助资金、生态林补偿基金，属财政专项资金，应作专用，不能用来承担经济责任，乙村委会的执行异议申请，理由成立，应予支持。少数意见认为，乙村委会的账户为基本账户，并非专款账户。该账户存在与其他业务混用、共用的情形，并不具有异议人所称的专用性质，所以乙村委会提出的执行异议申请应不予以采纳。

笔者同意多数意见，理由分析如下。

一、上级拨付村委会资金不得冻结执行的法律依据

现有法律及司法解释对村委会的财政性资金是否属于不得查封、扣押、冻结的财产没有明确规定，实践中认识不一。

《最高人民法院关于人民法院民事执行中查封、扣押、冻结财产的规定》（2020年修正）第3条规定："人民法院对被执行人的下列财产不得查封、扣押、冻结：……（八）法律或者司法解释规定的其他不得查封、扣押、冻结的财产。"虽然该条第1项至第7项未明确规定村委会的财政

性资金属于人民法院不可查封、扣押、冻结的财产，但第 8 项用兜底条款的方式，为将村委会的财政性资金列入"其他不得查封、扣押、冻结的财产"提供了可能。由于法律的滞后性，法律条文不会也不可能将所有不得查封、扣押、冻结的财产一一列举，这就需要法官探究法律的立法宗旨，结合常情常理常识，审慎处理。最高人民法院执行工作办公室于 2001 年 4 月 19 日对甘肃省高级人民法院作出的《〈关于能否强制执行金昌市东区管委会有关财产的请示〉的复函》（〔2001〕执他字第 10 号）第 1 条释义，就对财政性资金的专款专用进行了明确"预算内资金和预算外资金均属国家财政性资金，其用途国家有严格规定，不能用来承担连带经济责任。金昌市东区管委会属行政性单位，人民法院在执行涉及行政性单位承担连带责任的生效法律文书时，只能用该行政单位财政资金以外的自有资金清偿债务。"《最高人民法院关于审理军队、武警部队、政法机关移交、撤销企业和与党政机关脱钩企业相关纠纷案件若干问题的规定》（法释〔2001〕8 号）第 15 条规定："人民法院在审理有关移交、撤销、脱钩的企业的案件时，认定开办单位应当承担民事责任的，不得对开办单位的国库款、军费、财政经费账户、办公用房、车辆等其他办公必需品采取查封、扣押、冻结、拍卖等保全和执行措施。"此外，在行政合同（政府合同）及其他法律范畴上，依据《预算法》《国家金库条例》《国务院关于加强预算外资金管理的决定》等的法律法规规定，原则上不能对党政机关的预算经费强制查封、冻结。

由此可见，不管是最高人民法院的复函精神还是相关法律法规规定，对财政性资金的专款专用都是有明确规定的。具体到本案，乙村委会收到的天然林停伐管护补助资金、生态林补偿基金，亦属财政性资金，具有专门指定用途，为了维护社会公共利益，应当专款专用。

二、上级拨付村委会资金不得冻结执行的案例指引

最高人民法院（2019）最高法执复 38 号，复议申请人（申请执行人）王某、彭某、金某与被执行人某县人民政府、某县发展改革和经济

商务局合同纠纷一案执行裁定书中提到："对于能否执行政府部门财政性资金的问题，最高人民法院执行工作办公室对甘肃高院《关于能否强制执行金昌市东区管委会有关财产的请示》的复函，2001年4月19日〔2001〕执他字第10号复函的答复意见明确，预算内资金和预算外资金均属国家财政性资金，其用途国家有严格规定，不能用来承担连带经济责任。上述意见精神指导类案司法实践多年迄今没有改变。"

最高人民法院（2021）最高法执监364号，湖北某电力燃料有限公司、巫山县某矿产开发有限责任公司特殊程序、民事执行监督执行裁定书中同样指出："案涉700万元奖补资金系政府为优化煤炭产业结构、推动煤炭行业化解过剩产能而设立的专项资金，源于国家财政补贴……具有特定用途，并非对关闭退出该煤矿造成财产损失的补偿，一般不能用于清偿其他债务。"

最高人民法院（2022）最高法执复14号，朝阳某房地产开发有限公司、伊春某林业局有限责任公司等合作开发房地产合同纠纷执行复议执行裁定书中指出："根据相关法律规定，人民法院采取冻结措施时，不得冻结被执行人银行账户内国家指明用途的专项资金……但国家或有关部门或上级部门下拨的用于扶贫、农林水、科教文卫、基础建设等社会公共利益等具有专门指定用途或特殊用途的资金，为维护社会公共利益，一般均应专款专用于特定用途，不宜作为被执行人责任财产承担其一般债务。"

上述三个案例，账户所有者的主体涵盖了行政单位和企业单位，最高人民法院主要针对资金性质进行了审查，从账户性质、款项来源、使用过程等方面认定其专属性，并得出不能用于清偿其他债务的结论。具体而言，最高人民法院在认定中采纳的相关证据包括行政机关出台的相关文件、银行对账单、开户申请书等。此类"专用款项"从形式上看存放于当事人账户，属于当事人的财产，但实质上系被执行人按照行政机关的要求定向使用该款项，并无其他支配权。因此，此类款项不应被认定为被执行人的责任财产。

尽管最高人民法院案例中的主体未涉及群众性自治组织，但资金所有者的主体性质并非此类案件中的审查重点，而是应当审查该资金的性质是否属于专用性财政性拨款涉及国家、社会公共利益等。村委会系基层群众性自治组织法人，依据相关法律还承担着上级党政机关交办的基层公务事项，向村委会发放的财政性资金，如属于涉及国家利益或社会公共利益性质的，可以参照适用财政性资金执行的规定精神。具体到本案，根据乙村委会提交的福建省村集体专用收款票据2份、华安县农村信用合作联社交易明细能够证明被冻结的16万元款项用途为天然林停伐管护补助资金、生态林补偿基金，村委会并无自主财产权，从该项经费的具体安排来看，涉及对村民的生态经济补偿，该项经费能否正常使用，关系村民的切身利益，应认定属财政性资金，应当专款专用。因此，对该笔专项经费的冻结措施应予以解除。

三、上级拨付村委会财政性资金不得冻结执行的现实意义

实施乡村振兴战略是党的十九大作出的重大决策部署，党的二十大报告更是对全面推进乡村振兴作了深刻阐述。在实施乡村振兴过程中，会有上级拨付的各项专项资金。政府拨付财政性资金是国家或有关上级部门下拨的具有专门指定用途或特殊用途的资金。这种资金都会要求进行单独核算，专款专用，不能挪作他用。具体到本案中，乙村委会虽然不是行政事业单位，但其承担了惠农补贴资金的发放职责，由其代收政府的资金再发放给农户，对于这类涉及农民切身利益的代收款项，亦应该专款专用。人民法院在执行工作中应当强化善意文明执行理念，坚持比例原则，找准双方利益平衡点，在保障胜诉当事人合法权益的同时，也要最大限度减少对被执行人权益的影响，实现法律效果与社会效果有机统一。

另外，本案乙村委会作为村级自治组织，应以对村集体负责任的态度，积极履行生效法律文书确定的债务，村委会的一般性债务应该用自有资金进行支付，建议村委会积极与有关部门沟通，筹措资金形成多方合力，推动资金解决，依法保护债权人的合法权益。

征稿启事

《执行工作指导》是最高人民法院执行局编发的业务指导出版物，主要刊登最新执行政策与精神、执行裁判规则、执行典型案例、执行理论研究成果，旨在促进全国法院执行干警准确掌握法律精神、助推执行工作、繁荣执行理论。

本书所设主要栏目及其情况如下：

【执行局长论坛】刊登最高人民法院执行局局长和地方法院执行局局长关于执行工作的理论思考、热点研究、实证分析类的文章。

【最高人民法院执行局法官会议纪要】选择最高人民法院执行局法官会议讨论过的具有典型性和指导意义的案件进行刊登。

【最高人民法院执行裁判规则疏议】对最高人民法院裁判文书确定的规则进行梳理和解读。

【最高人民法院入库案例选登】刊登最高人民法院具有指导价值的案例。

【地方法院案例与解析】刊登地方法院具有典型性和推广价值的案例。

【执行热点前沿】刊登强制执行领域优秀学术论文、理论研究成果，介绍域外制度。

【调研与实证】刊登强制执行领域优秀调研报告、实证研究成果、经验总结和改革创新动态。

【执行管理和信息化专题】刊登执行指挥中心实体化运行、执行管理和执行信息化方面的动态、成果及前沿问题探讨。

【民事强制执行热点】刊登民事强制执行法起草过程中的理论研究

成果及前沿问题探讨。

【执行信箱】刊登各地法院执行工作中遇到的代表性问题及最高人民法院执行局答复意见。

本书诚邀全国各级法院同仁和专家学者撰稿。来稿要求如下：

1. 具有较强的典型性、创新性和指导价值。

2. 具有原创性，因稿件引起的任何版权纠纷由投稿人负责。

3. 撰写格式请参照本书相关部分的内容，注释援用《中国法学》体例。

4. 其他栏目来稿，请以电子邮件形式发送至 zhixingcankao@sina.com。邮件标题处请标明稿件所属的投稿栏目和作者单位、姓名。格式为："执行信息化专题-××省高级人民法院李××"。在稿件正文后，请详细提供如下信息：标题、作者姓名、单位全称、通信地址、邮政编码、联系电话、电子邮箱地址及身份证号码，以便于联系和邮寄稿费。

5. 本书所采稿件，按照规定支付相应稿酬。因缺少支付稿酬所需账号等原因尚未收到稿酬的，请与本书编务组联系。

《执行工作指导》编委会